이것은
Apple이
아니다

66

미래의 세계를 살아갈

눈망울 초롱초롱한 모든 아이들,

그 중에서 특히 재이와 지우에게

99

박 정 자 지음

기파랑

애플은 시뮬라크르다

아이폰은 왜 그렇게 많이 팔렸을까? 전 세계의 주요 도시들에서 아이폰을 출시하는 날이면 왜 어김없이 사람들은 새벽부터 혹은 전 날 밤부터 애플 스토어 앞에서 줄을 서고 있는 것일까? 이 책을 쓰기로 작정한 지난 해 8월부터 일종의 강박증으로 내 머리 속을 떠나지 않던 생각이었다.

사람들의 폭발적인 반응이 나온 것은 2007년 아이폰 출시에서부터였다. 그 전에는 일부 젊은 마니아 층이 아이팟을 좋아했고, 일부 그래픽 전문가들이 매킨토시 컴퓨터를 사용하고 있었을 뿐이다. 그런데 갑자기 왜 아이폰이 나오자 온 세계 소비자들이 열광하기 시작한 것일까? 사건은 갑자기 터지는 것 같지만 실은 좀 더 작은 비슷한 사건들이 반복되다가 어느 순간 대형의 형태로 폭발하는 것이다. 아이폰이라는 대형 사건의 이전에는 2001년부터 매년 꾸준히 새로운 모델로 출시된 아이팟(MP3 뮤직 플레이어)이 있었다.

애플 홈페이지에서 알록달록한 색깔의 아이팟 모델들을 보고 나는 직관적으로 애플 성공의 비밀을 간파했다. "예뻐서!"

실버, 블루, 크로매틱 블루, 그린, 레드, 핑크, 옐로, 오렌지의 알루미늄 판에 드롭스 사탕 같은 하얀 색의 둥근 휠이 부착된 아이팟 시리즈는 그대로 달콤한 캔디였다. 똑같은 형태에 색조의 변화만 주는 방식은 앤디 워홀의 마릴린 먼로나 엘리자베스 테일러를 연상시켰다. "이건 팝아트다!"

민트 맛이 날 것 같은, 아니면 체리 맛이 날 것 같은 아이팟을 나도 하나 사고 싶었다. 유니클로 같은 옷 매장에 가면 매대 위에 알록달록 예쁜 색깔의 티셔츠들이 가지런히 개켜 져 있다. 꼭 필요하지 않아도 예뻐서 그냥 하나 사게 된다. 하나만 있으면 좀 안 예쁜 것 같아 똑같은 모델을 괜히 색깔만 달리 해 두 벌을 사기도 한다. 이게 색깔의 마술이다. 같은 형태가 조금씩 모양을 달리하면서 미세한 차이와 반복으로 무한히 증식하는 분신分身들의 시리즈, "이건 시뮬라크르다!"

시뮬라크르?

과거에는 유일한 것, 단 하나의 독창적인 것만이 가치가 있고 미학적으로 인정받았다. 여러 개의 비슷비슷한 것들은 아무런 가치가 없는 하찮은 것으로 여겨졌었다. 그러나 이미지 시대인 오늘날에는 조금씩 차이가 나면서 비슷한 다양함이 더 아름답게 느껴진다. 시뮬라크르 미학의 시대인 것이다.

시뮬라크르란 라틴어의 시뮬라크럼simulacrum에서 온 말인데, 이미지, 유사함, 초상화, 그림자, 유령, 모방, 환영幻影 등의 뜻을 갖고 있다. 프랑스의 철학자 질 들뢰즈가 1960년대 말 『차이와 반복』에서 처음으로 쓰기 시작했고, 그 10여 년 후 사회학자 장 보드리야르가 『시뮬라크르와 시뮬라시옹』에서 현대의 이미지 사회를 분석하는 틀로 채택하였다.

보드리야르 이후 이 단어가 갖게 된 함의에는 '이미지'나 '가상현실' 말고도 모든 '모방'과 '가짜'라는 부정적인 뜻도 있다. 진품을 교묘하게 복제하여 진짜 행세를 하는 가짜 그림도 시뮬라크르고, 진품을 사진으로 찍어 대량으로 인쇄한 복제화도 역시 시뮬라크르다. 이때 인쇄된 복제화는 비난의 대상일 수만은 없다. 사진으로 찍은 복제품이 권위는 없을지 몰라도, 파리의 루브르 박물관까지 갈 돈이 없거나 교양이 부족한 거대한 일반 대중에게 모나리자 그림을 보여주는 장점이 있기 때문이다.

아예 드러내놓고 모조품을 만들어낸 화가들도 있다. 1960년대에 미국에서 시작되어 세계 화단의 주류를 차지한 팝아트가 그것이다. 앤디 워홀의 마릴린 연작을 생각해 보자. 마릴린 먼로라는 실제의 아름다운 여배우가 현실 속에서 살고 있었다. 그녀의 몸, 그녀의 얼굴은 원본(오리지널)이다. 어떤 사진작가가 그녀의 얼굴을 사진으로 찍었다. 사진은 그녀와 꼭 닮은 사본(카피)이다. 그런데 앤디 워홀은 이 사본을 실크 스크린으로 다시 복제해 색깔만 다른 무수한 복제품을 만들어냈다. 시뮬라크르인 것이다. 그러나 그의 시뮬라크르는 모조품이라는 비난을 받기는커녕 엄청난 값으로 팔리고 있고, 반세기가 넘도록 대중의 사랑을 받고 있다. 같은 이미지를 색깔만 달리하여 복제하는 방식이 오늘날 모든 광고 이미지를 석권하면서 그는 완전히 새로운 미술사적 양식의 창시자가 되었다.

시뮬라크르에 이처럼 무한한 역동성과 에너지가 있다는 것을 처음으로 강력하게 주장한 철학자가 들뢰즈였다. 한없는 차이로 반복되는 이런 환영들이 다름 아닌 니체의 영원회귀 개념이라고 그는 말했다. 1960년대 말 들뢰즈의 이 선언이야말로 21세기의 미학, 특히 시뮬라크르의 미학을 예고한 창시적 선언이었다. 그의 팝아트 예찬에서 이미 이미지의 시대는 도래하였다.

모든 이미지, 모조模造, 환영幻影, 자기복제, 분신分身이 시뮬라크르다.

미세한 차이로 한없이 반복 증식되는 이미지들이 바로 시뮬라크르다. 이것은 또 모든 권위의 부정이나 위계질서의 철폐를 주장하는 탈중심적 사회의식과도 연관이 있다. 현대를 시뮬라크르의 시대라고 말하는 것은, 우리 시대가 이미지의 시대라는 뜻이며, 더 나아가 대중의 절대적 평등 욕구가 분출되고 있는 시대라는 의미이기도 하다.

스티브 잡스 자신이 시뮬라크르

'애플은 시뮬라크르다' 라고 말할 때의 시뮬라크르는 '미세한 차이로 한없이 반복 증식되는 이미지들' 이라는 의미에서의 시뮬라크르다. 1976년 스티브 잡스가 동네친구 스티브 워즈니악과 애플을 창업하여 만우절에 공개한 최초의 PC에서 오늘날의 아이폰에 이르는 애플 제품들을 연도별로 배치해 놓은 사진을 보면 '시뮬라크르다!' 라는 말이 절로 나온다. 나무 케이스에 덮여 컴퓨터라기보다는 차라리 연장통 같아 보이는 최초의 퍼스널 컴퓨터에서부터 2005년에 나온 5cm×16cm 짜리 사각형 컴퓨터 맥 미니에 이르기까지 점점 더 슬림하게, 점점 더 작게, 점점 더 매끈하게, 그러나 점점 더 높은 성능으로 진화했다.

노트북만 해도 1989년에 나온 '매킨토시 포터블' Macintosh Portable 은 '포터블' 이라는 말이 무색하게 무게가 7.2kg이었는데, 1991년에는 알록달록한 디테일의 3.1kg 짜리 '파워북 170' 모델이 나왔고, 1992년에는 무게를 1.8kg로 줄인 '파워북 듀오' 가 나왔다. 그리고 2008년 1월 세계에서 가장 얇은 노트북인 1.3kg짜리 맥북 에어가 첫 선을 보였다. 서류봉투에 들어갈 정도로 얇고 깃털처럼 가볍다는 것을 보여주기 위해 스티브 잡스가 누런 서류봉투에서 꺼내던 것이 바로 이 노트북이다. 마침내 2010년 본체 없는 컴퓨터(아이패드)가 등장한다.

조금씩 변화하며 시뮬라크르를 이룬 것은 기기器機만이 아니었다. 최초의 퍼스널 컴퓨터 애플1에서부터 아이팟iPod—아이폰iPhone—아이패드iPad를 만들어낸 스티브 잡스 자신의 모습이 바로 시뮬라크르다. 1998년 올인원 디자인의 아이맥iMac을 소개할 때부터 자신이 직접 무대에 올라 프레젠테이션을 하기 시작했는데, 그 때 그의 복장은 짙은 정장에 하얀 깃 와이셔츠에 넥타이를 맨 단정한 차림이었다. 아직 병들지 않았던 때여서 얼굴은 통통하고 머리숱도 많았다. 그러나 2003년 췌장암이 발견되면서 그의 얼굴은 해마다 살집이 빠지고 머리칼이 빠지면서 그야말로 구루Guru(힌두교 지도자)의 모습이 되어간다. 그리고 복장은 세인트 크룩스 검은색 터틀넥 셔츠, 리바이스 501 청바지, 뉴 밸런스 992 신발로 고정되면서 블루진과 검정의 조합이 그대로 그의 아이콘이 된다.

시뮬라크르의 역동적인 힘을 제품으로 디자인한 스티브 잡스는 자기도 모르는 채, 질 들뢰즈의 난해한 철학을 현실 속에서 구현했다.

숭고와 미니멀리즘

아이팟이 알록달록하고 달콤한 색깔로 앙증맞고 예쁘다면 아이폰은 그냥 무미건조하게 블랙 혹은 화이트다. 다채로운 색감으로 사람들의 마음을 사로잡은 스티브 잡스는 이번엔 차갑고 미니멀한 블랙으로 돌아왔다. 아무것도 없는 매끈하고 투명한 직육면체의 화면, 그 속에 무엇이 있는지 알 수 없는 어둡고 깊은 불안감, 이건 차라리 숭고의 감정이다. 스티브 잡스 덕분에 사람들의 미감美感은 미美에서 숭고로 업그레이드되었다.

칸트에 의하면 '숭고의 감정은 한 마디로 크기를 미학적으로 평가함에 있어서 상상력이 부적합하다는 것을 인식할 때 야기되는 불쾌한 느낌이다. 또는 자신의 감각이 이성의 이념에 맞지 않는다는 판단에서 오는 불쾌감이다.' 근본적으로 비확정적이고, 결정이 불가능하고, 표상불가능한 실재 앞에서 우리의 상상력 또는 오성이 좌절감을 느낄 때, 그것이 바로 숭고의 감정이다.

예를 들어 사막이나 높은 산 또는 피라미드 같은 절대적으로 큰 대상과 맞닥뜨렸을 때, 혹은 바다의 힘찬 파도나 용솟음치는 화산 같은 것과 맞닥뜨렸을 때, 우리의 상상력은 이 것들에 일치하는 표상을 만드는데 실패한다. 그래서 우리는 흔히 '말로 표현할 수 없어!' 라거나 '형언할 수 없는' 이라는 수식어를 쓴다. 이와 같은 표현의 불능성이 고통을 야기한다. 상상력, 오성, 이성 등과 같은 우리 마음의 능력들이 서로 조화를 이루지 못하고 삐걱거리기 때문이다. 심적 능력들 사이의 이러한 탈구脫臼가 극도의 긴장감을 야기한다.

그러나 곧 이 고통은 쾌감으로 이어진다. 왜냐하면 우리는 자신의 대상을 이성의 대상으로 전환시키려 하고, 이 과정에서 우리에게는 오성보다 높은 이성의 능력이 있다는 것을 확인하기 때문이다. 한 번 불쾌감을 느꼈다가 다시 느끼는 쾌감은 실제로 두 배의 쾌감이다. 이 것이 바로 칸트가 말하는 숭고의 감정이다.

예술에서 숭고의 감정은 미니멀리즘과도 맥이 닿아 있다. 심적 능력들의 부조화로 인한 극도의 긴장감은 거의 파열되기 직전에 무한 혹은 관념의 절대성을 드러낸다. 칸트는 이것을 나타내기 위해서는 네거티브한 표상 혹은 비-표상이라는 수단 밖에는 없다고 했다. 다시 말하면, 그것을 표현할 적절한 수단이 없을 때, "이건 도저히 말로 표현할 수 없어!"라고 말하는 것이다. 그는 네거티브한 표상의 탁월한 예로서 형상images을 금지한 유태 율법을 인용한다. 도저히 표현할 수 없는 신神을 표현하는 가장 좋은 방법은 '표현을 하지 않는 것' 이라는 게 형상 금지법의 기본 사상이기 때문이다. 그렇다면 시각적 쾌감도 거의 무無로 환원되었을 때 최대화된다는 이야기가 된다. 여기서 숭고는 미니멀리즘과 만난다.

전통적으로 사람들은 초월적인 것 또는 거대한 대자연의 현상 앞에서 숭고함을 느꼈다. 이처럼 자연 세계를 숭고 체험의 근원으로 삼는 것이 19세기의 낭만주의였다. 그러나 기술Technology의 시대인 오늘날 우리는 과거에 자연에서 느꼈던 여러 종류의 감정적 상태를 기계라는 인공적 세계에서 본다. 현대의 숭고는 기계 앞에서의 숭고인 것이다.

Less is more!('적은 것이 더 많은 것이다' 또는 '모자라는 것이 더 풍요로운 것이다')라는 말은 1930~50년대에 활동했던 건축가 미스 반 데어 로에의 말이지만 스티브 잡스의 디자인 개념을 설명하는데 이보다 더 좋은 경구는 없을 것이다. 아이폰의 아름다움은 거의 극한대에 이른 간결함 속에 거의 극한대의 기계적 복잡성을 숨기고 있는 역설적 모순에서 나온다.

우주선 같은 애플 사옥

회사의 모든 것을 혼자 지휘했던 스티브 잡스는 건물에 대해서도 예외가 없었다. 유리 큐브로 된 뉴욕 애플 스토어의 유리판 수를 줄이는 데 집요한 노력을 기울여, 원래 90개의 유리판을 2011년 레노베이션에서 15개의 커다란 유리 패널로 바꾸게 했다. 이음새 없는 커다란 유리 외관은 당연히 깔끔하고 더욱 투명하게 되었다. 잡스의 간결함에 대한 추구를 엿볼 수 있다.

캘리포니아 주 쿠퍼티노에 지을 예정인 애플 사옥은 아직 도면 단계에 있지만 이 역시 미니멀리즘의 미학을 구현한 스티브 잡스의 사후 작품이 될 것 같다. 영국의 대표적 건축가 노먼 포스터가 설계한 이 건물은 4층 높이의 단순한 원형 띠 모양으로, 건물 전면에는 유리를 사용하여 투명성을 확보했다. 스티브 잡스는 '우주선이 착륙한 것 같은 훌륭한 사옥'이라고 흡족해 했다.

건물은 마치 아이팟의 휠처럼 또는 넓은 초원 위에 사뿐히 얹어 놓은 커다란 반지 같다. 넓은 대지 면적 중 겨우 20%만을 차지하고 있고,

반지의 중심부에는 숲이 들어차고, 외부도 완전히 숲으로 둘러싸이게 했다. 하늘을 찌를 듯한 마천루로 회사의 위용을 과시하기보다는 나즈막한 4층 높이로 대지에 낮게 깔려 있는 이 건축 설계안은 간결한 아이폰의 건물적 버전이라 할 만하다.

하나의 오해

스티브 잡스가 창조적이라고는 하지만 그가 완전히 발명한 것은 하나도 없고 모두 누군가가 먼저 한 것을 가져다가 완벽하게 다듬어 상품화 시킨 것이다. 그래서 그의 천재성은 발명이 아니라 '편집'edition 에 있다고 말하는 사람도 있다. 1973년 출시된 초기의 개인 컴퓨터 매킨토시의 운영체제도 제록스의 알토 컴퓨터를 모방한 것이다. 이에 대해 그는 '훌륭한 예술가는 모방하고, 위대한 예술가는 훔쳐온다' 는 피카소의 말을 인용했다.

여기서 오해가 발생한다. 마치 훔치는 행위를 뻔뻔스럽게 정당화하기 위해 그가 피카소의 말을 인용한 것으로 많은 사람들은 이해한다. 그러나 이 인용문에 대해서는 좀 더 인문학적인 이해가 필요하다.

서양 미학의 기원인 아리스토텔레스에 의하면 모든 예술은 모방이다. 다만 그 수단medium, 대상objects, 방식mode, manner에 따라 장르가 바뀔 뿐이다. 우선 수단의 문제에서, 색채와 형상이라는 수단을 쓰면 미술이요, 선율과 리듬을 사용하면 음악이며, 동작을 사용하면 춤이고, 언어를 사용하면 문학인 것이다. 서사시나 연극은 기본적으로 인간의 행동을 모방하는 장르다. 여기서 대상의 문제가 발생한다. 고귀하고 훌륭한 사람의 행동을 모방하면 비극이 되고, 비천한 인간을 모방하면 희극이 된다. 똑같이 인간의 행동을 모방하더라도 그 방식이 이야기narrative에 의한 것이냐, 인간의 행동 그 자체를 모방하는 mimesis 연기에 의한 것이냐에 따라 장르가 갈린다. 이야기에 의한 모방은 서사시가 되고, 연기를 통한 극적 제시는 비극 혹은 희극이 된다. 현대적으로 말하자면 소설과 연극의 차이이다. 여하튼 모든 예술은 모방이다.

이것이 아리스토텔레스 이후 19세기까지 이어져 온 서양 예술의 기본 원칙이었다. 소설은 현실의 반영이고, 회화는 모델(인물, 풍경 등 일체의 그림의 대상)의 재현이었다. 그래서 전통회화에서는 현실 속의 대상과 똑같이 그리는 기술이 화가의 등급을 정하는 가장 확실한 방법이었다. 그러나 20세기 초부터 피카소, 브라크 등의 화가들이 인물을 삼각형, 사각형으로 그리기 시작했다. 소위 큐비즘이고, 이어서 추상화였다. 이제 화가들은 더 이상 자연을 모방하지 않게 되었다. 이론은 아리스토텔레스에서 시작되었고, 기법은 르네상스 시대 알베르티에 의해 시작되었던 소위 원근법적 재현의 체계가 4백년 만에 붕괴되는 순간이었다.

그 중심인물인 피카소가 한 말이 '훌륭한 예술가는 모방하고, 위대한 예술가는 훔쳐온다' 였다. 과거의 대가들은 모두 자연을 모방하는 화가였다. 그러나 지금부터 위대한 화가는(피카소는 자신이 위대한 화가라는 자부심이 대단했다) 더 이상 모방하지 않는다. 다만 창조할 뿐이다. 창조란 무엇인가? 그것은 신의 방식이 아닌가? 예술가는 그 신의 방식을 훔쳐 오는 사람이다. 즉 창조하는 사람이다. 이것이 스티브 잡스가 인용했던 피카소의 말이다. 물건을 훔치는 파렴치한 행위를 정당화하는 것이 아니라 '남들이 보기에 모방처럼 보이지만 이건 모방이 아니라 창조다' 라는 이야기이다.

강도強度 높은 관심으로 애플 현상을 추적하면서 스티브 잡스의 위대성을 더욱 실감하게 되었다. 삼성과의 경쟁 관계 때문에 한국인으로서는 경탄만 할 수 없는 착잡함이 있는 것도 사실이다. 그러나 여하튼 그는 한 시대의 획을 그은 뛰어난 인물이다. 애플 신드롬에는 모든 것이 다 들어있다. 하드에서 소프트로, 산업시대에서 정보시대로의 이행이라는 경제사적 의미도 있고, 우리의 기존 관념을 송두리째 뒤흔들어 놓은 의식혁명으로서의 사회학적 의미도 있다. 그 무엇보다 중요한 것은 무심한 기계나 제품이라 할지라도 인간적인 터치 혹은 인간에 대한 배려가 없이는 더 이상 존재 가치가 없다는 사실이다. 결국 인문주의적 가치는 모든 것의 근간이라는 인식의 재확인이었다.

나의 졸저가 인문학적 관심을 환기하는데 조금이라도 도움이 된다면 더 없이 기쁘겠다. 스티브 잡스 현상에 대한 인문학적 해석을 권유하여 이 책을 쓰는데 많은 도움을 주신 '유니타스 브랜드'의 권민 편집장님과 배근정 팀장께 감사드린다. 세계 IT 산업의 흐름과 정확한 수치를 확인해 주고 기술적인 문제를 자문해 준 안승환, 송원상에게도 고마움을 표하고 싶다. QR코드를 본문에 삽입하는 혁신적인 아이디어로 종이 책에 디지털적 터치를 입힌 기파랑의 박은혜씨에게도 무한한 감사를 표하는 바이다.

2012년 유난히 추웠던 2월
대학로에서 박 정 자

차례

The reports of my deat

애플 컴퓨터를 만들었던 젊은시절 스티브 잡스가 사과를 손에 들고 있는 모습.

* 이 책은 본문에 QR코드를 포함하고 있습니다.
   QR코드는 사용하시는 스마트폰의 OS종류와 버전에 따라 스캔이 되지 않을 수도 있습니다.

청바지,
검정 터틀넥

그건 차라리 검푸른 바다였다. 청바지에 검정 터틀넥 차림의 남자가 깡마른 옆모습을 보이며 손에 뭔가를 들고 산책하듯 유유자적 걸어가고 있다. 화면의 오른 쪽 끝에 거의 다가가 곧 우리의 시야에서 빠져나갈듯 하다. 한 발을 들어올린 흰 스니커 옆으로는 옅은 푸른색의 파도가 찰랑거리고 그 뒤로 캄캄한 바다가 이어진다. 일직선의 수평선 위로는 백색에 가까운 옅은 푸른색에서 검정에 가까운 짙은 푸른색에 이르기까지 청색의 그라데이션으로 폭풍 전야의 하늘이 펼쳐지고 있다. 칠흑같은 바닷물과 하늘을 뒤덮은 먹구름의 블랙이 그의 터틀넥 색깔과 일치하고, 수평선의 밝은 청색과 해변의 찰랑이는 파도가 청바지의 블루와 대응한다.

그러나 난데없이 먹구름의 하늘 위에는 흰 색의 얌전한 서체로 'The reports of my death are greatly exaggerated(내가 곧 죽을 것이라는 언론 보도들은 과장된 것이다)' 라는 간결한 문장 하나가 둥실 떠 있다. 마치 파이프 그림 밑에 '이것은 파이프가 아니다' 라는 문장을 써 넣음으로써 회화의 3차원적 환영幻影을 단숨에 부정해 버렸던 마그리트의 그림처럼 이 한 줄의 문장은 우리의 회화적 환상을 한 순간에 날려 버린다.

그제야 우리는 이건 바다가 아니라 푸른색 조명이 비춰진 어두운 무대이고, 청바지의 남자는 한가한 산책자가 아니라 신제품을 시연하는 스티브 잡스라는 것을 알게 된다. 언론보도가 과장이라는 흰 글씨체 문장도 그의 때 이른 죽음으로 다시 한 번 그 진실성이 뒤집힌다. 췌장암이라는 큰 병을 앓으면서도 1년 마다 무대에 올라 제품을 소개하는 모습에서 우리는 그가 자신의 생명도 마술처럼 지켜낼 것으로 생각했었는데.

1955년 2월 24일 미국 캘리포니아 샌프란시스코에서 태어난 그는 부모가 아기의 법적 양육권을 포기하자 폴과 클라라 부부에게 입양된다. 어린 시절부터 자신을 증명해 보이려는 열망에 사로잡혀 있었다고 친구들은 말한다. 명석한 두뇌의 소유자였지만, 과잉행동 장애를 앓는 산만한 소년이었고, 독불장군이며 외톨이였다.

어른이 되어서는 누구도 범접할 수 없는 카리스마를 가졌지만, 함께 일해 온 동료들을 마구 해고하는 냉혹한 심성을 보였고, 사소한 이유로 소리를 지르며 벌컥 화를 내는 편협한 사람이기도 했다. 자신의 사사로운 이익을 위해 사기를 친 적도 있었고, 다른 사람들에 대한 비아냥과 험담을 입에 달고 살았다.

1985년 자신이 설립한 애플에서 쫓겨난 스티브 잡스는 넥스트NeXT라는 회사를 창업했다. 넥스트스텝NeXTSTEP이라는 새 운영체제OS를 탑재한 PC를 만들었고, 시장에서 실패했다. 95년 자신이 경영하던 픽사Pixar의 애니메이션 「토이스토리」가 대박을 내자 다시 넥스트의 소프트웨어에 투자했다. 90년대 후반 혁신이 필요했던 애플은 넥스트스텝을 새로운 OS로 채택했다. 그리고 잡스는 애플에 복귀했다.

자신이 사생아로 태어났다는 것, 자기가 만든 회사에서 쫓겨난 적이 있다는 것, 암에 걸렸다는 것을 당당하게 말하면서, 그러나 '죽음은 삶이 만들어낸 가장 훌륭한 발명품'이라고 말하는 이 오만한 인간에게서 우리는 숭고한 영웅의 모습을 본다.

NeXTSTEP
스티브잡스가 NeXTSTEP에 대해 직접 설명한 동영상(무자막)

영웅의 죽음

2004년 췌장암 수술을 받았고, 2009년에는 간 이식 수술까지 받았지만 신제품 출시 프레젠테이션에 그는 어김없이 무대 위에 올라 카리스마 넘치는 쇼맨십을 보여주었다. 한 신문이 자신에 대해 '6주 시한부 삶을 살고 있다'고 보도(2011년 2월)한 다음 날 오바마 대통령이 주재한 IT 기업 경영진 만찬에 참석했고, 그 다음달(2011년 3월)에는 아이패드2 제품 발표회에 나와 활기차게 제품을 시연했다. 보통의 암환자라면 병상에 누워 투병생활만 할 시기에 그는 창조적인 작업에 몰두했고, 죽기 불과 7개월 전까지 대중과 소통하는 의연한 자세를 보여 주었다. 이 초인적인 의지 하나만으로도 그는 영웅이다.

그가 죽은 날(2011년 10월 5일) 세계 곳곳에서 그의 죽음을 추모하는 행렬이 이어졌다. 애도의 열기는 2년 전 마이클 잭슨 사망 당시보다 결코 덜하지 않았다. 그의 집과 애플 매장 인근에는 수백 개의 꽃다발과 감사카드, 촛불, 한 입 베어 먹은 사과가 놓였고 인터넷에는 추모글이 넘쳐났다. 오바마는 "가장 위대한 혁신가를 잃었다"고 슬픔을 표했다. 검은 터틀넥 스웨터는 미국에서 판매량이 100% 증가했고, 한국에서도 리바이스 501 청바지의 판매량이 급증해 신세계 백화점에서는

▐ 동갑내기이며 라이벌이었던 빌 게이츠와 함께 한 스티브 잡스.

스티브 잡스와 오바마
페이스북 창시자 마크 저커버그와
오바마 대통령과 함께한 만찬

10월 5일부터 사흘간 품절이 되었다고 한다.

그가 죽기 전 날 출시되었던 아이폰4S는 '잡스의 유작' 이라는 이름표가 붙으면서 수요가 몰려 하루만에 50만 대의 판매를 기록했다.

10월 25일 전세계에서 동시 출간된 그의 공식 전기는 인도 방언까지 포함하여 40개 언어로 번역되었다. 비틀스나 다이애나비가 죽었을 때 사람들이 보여주었던 관심과 맞먹는 반응이다. 록스타도 공주도 아닌 한 기업인의 죽음에 이처럼 많은 사람들이 슬퍼하고 관심을 보인다는 것은 참으로 이례적인 현상이다. 가히 신드롬이라 할 만 하다. 이러한 애도 열풍은 그가 단순히 영리營利만을 추구한 장사꾼이 아니었음을 증명한다. 많은 사람들이 아이폰과 아이팟을 통해 그와 정서적인 교감을 나누고 있었음에 틀림없다.

그가 만든 제품들은 단순한 제품이 아니라 '예술품' 이 되었다. 제품만이 아니라 그가 무대 위에 올라가 제품을 시연하는 방식 또한 온 세상 사람들의 마음을 뒤흔든 예술이었다. 사람들이 그와 정서적인 교감을 나누고 친밀감을 느끼게 된 것은 이 무대 위의 마술에 상당 부분 빚지고 있다.

정치 지도자건 기업가건 간에 그 어떤 인사도 스티브 잡스만큼 순수하게 청중을 사로잡지는 못했다. 최고 경영자가 무대 위에 직접 올라 제품을 소개한다는 것부터가 파격이었다. 그 이후 여러 CEO들이 차마 청바지까지는 못입고 고작 넥타이를 매지 않은 차림으로 무대에 올랐지만 그의 카리스마는 도저히 흉내 낼 수 없었다. '역시 스티브 잡스!' 라는 탄식 어린 향수만 불러 일으켰을 뿐이다. 경영학의 대가인 피터 드러커Peter Ferdinand Drucker는 음성언어건 문자언어건 간에 말을 통해 타인들에게 다가가는 능력에 따라 한 개인 혹은 한 기업의 성패가 달려 있다고 말한 적이 있다.

스티브 잡스는 세계에서 가장 매혹적인 소통자communicator였다.

iPhone 4S White

커뮤니케이션 전문가인 카민 갈로Carmine Gallo가 잡스의 기법을 분석하여 만든 『스티브 잡스의 프레젠테이션 비법』에 의하면 좋은 프레젠테이션의 요체는 첫째, 스토리를 만들 것, 둘째, 경험을 전달할 것, 셋째, 완벽하게 수정하고 반복 연습할 것 등이다.

스토리에서는 악당 대 영웅의 구도가 필수적이다. 어느 때는 IBM, 어느 때는 마이크로소프트, 또 어느 때는 삼성이 적수로 등장해 '애플'이라는 선량한 주인공을 괴롭힌다. 이어서 극적인 반전이 이루어진다. 애플 제품은 상대방 제품의 장점 혹은 단점을 뛰어넘어 도저히 불가능할 것 같은 결과를 이루어냈다는 것이다. 아이패드 프레젠테이션에서는 넷북을 악당으로 설정했다. 넷북은 느리고, 디스플레이 화질이 떨어지며, 거추장스럽고 오래된 PC 소프트웨어를 갖고 있다고 공격한다. 그런 후 영웅 '아이패드'를 등장시킨다. 아리스토텔레스의 플롯 이론, 또는 프로프의 서사 이론이 교과서적으로 적용되고 있다.

스티브 잡스는 쉴 새 없이 '위대한great', '놀라운amazing', '믿기지 않는unbelievable', '엄청난tremendous', '경이로운phenomenal', '멋진gorgeous' 등의 과장에 가까운 화려한 수사를 구사하는데, 그것 역시 영웅을 부각시키는 중세적 서사 기법과 무관하지 않을 것이다.

청중에게 전달할 큰 주제는 단 하나의 문장이어야 한다. 예컨대 '세계에서 가장 얇은 노트북'처럼 짧은 문장만이 기억에 남기 때문이다. 그런 다음 그 하위 개념으로 은유와 유비類比, analogy가 추가된 3개의 메시지가 제시된다. 숫자도 그냥 숫자를 쓰는 것이 아니라 의미가 곁들인 숫자를 쓴다. 예컨대 '5기가 메모리'라는 딱딱한 숫자 대신 '1,000개의 노래를 저장할 수 있는 용량'이라는 식이다.

시각적인 단순화도 큰 역할을 한다. 한 슬라이드에 여러 개의 요점을 나열하는 방식은 절대 쓰지 않는다. 아이패드 사진이나 애플 로고, 또는 하나의 숫자만 보여준다. 애플 제품의 특징인 미니멀리즘은 슬라

프레젠테이션
시각적으로 단순화된
스티브 잡스의 프레젠테이션

아무렇게나 걸친 듯 하지만 실은 철저하게 계산된 소탈함이다.

이드에서도 예외가 아니다.

내용만 좋아서도 안된다. 그것을 전달할 시연자의 연기가 중요하다. 청중과 눈을 맞춰야 하고, 목소리의 억양은 다채로와야 하며, 말과 말 사이에는 적절한 휴지休止가 있어야 한다.

이 모든 것을 완벽하게 구현하기 위해 필요한 것은 연습, 연습, 또 연습이다. 그의 프레젠테이션에서 애드리브(즉흥 대사)는 하나도 없고, 우연이거나 계산되지 않은 것은 아무것도 없다. 발표 몇 주 전부터 슬라이드 하나하나를 검토해가며 말하는 내용과 방법을 연습하고 또 연습한 결과이다. 무대 위에서 스티브 잡스가 보여준 놀라운 자신감은 번뜩이는 천재성의 산물이 아니라 『아웃라이어』의 저자 말콤 글래드웰Malcolm Gladwell이 말했듯이 그야말로 '1만 시간 훈련 법칙'의 결과인 것이다.

그러고 보면 이세 미야케가 디자인한 세인트 크록스 제품의 검은색 터틀넥 스웨터, 리바이스 501 청바지, 뉴 밸런스 992 운동화 등이 모두 아무렇게나 걸친 듯 하지만 실은 철저하게 계산된 소탈함이다.

그의 직업을 군이 말해보자면 그는 과학기술자technologist, 기업 총수corporate leader, 그리고 디자이너였다. 애플II로 개인 컴퓨터personal computer, PC 시대를 열었고, 손 안의 PC인 스마트폰을 내놓음으로써 스스로 그 PC의 시대를 닫았다. 기술자라고는 하지만 그는 통상적 의미의 기술자는 아니었다. 과학을 공부한 적이 없고 엔지니어도 아니었기 때문이다. 오히려 그것이 그의 장점이었는지 모른다. 전문가라면 불가능하다고 생각하여 쉽게 포기했을 일을 그는 열정 하나로 밀어붙여 가능하게 만들었기 때문이다.

제품 디자인에 완벽한 아름다움을 추구한 것으로 유명하지만 그를 디자이너라고 말하기도 주저된다. 리드대를 입학 6개월 만에 자퇴한 뒤 캘리그래피(서체학) 과목을 청강한 것이 예술 관련 교육의 전부이기 때문이다. 기술과 인문학을 접목시켰다고는 하지만 구체적으로 인문학의 어떤 분야에 관심이 있었는지도 불분명하다. 힌두교에 심취해 인도를 순례하고 일본의 선禪 불교에 입문하여 명상을 했다는 사실만 알려져 있을 뿐이다.

무엇보다 흥미로운 부분은 대학 자퇴다. 입양 당시 그의 양부모는 잡스를 꼭 대학에 보내겠다는 서약을 했다. 그래서 일을 열심히 하여 대학 등록금을 마련해 놓았다. 그러나 아들은 대학에 가지 않겠다고 어깃장을 놓는다. 부모의 설득으로 일단 마음을 정한 다음에도 주립대학인 버클리대나 집에서 아주 가까운 스탠포드대는 가지 않겠다고 했다. "스탠포드에 가는 아이들은 나중에 자기가 무엇이 될지를 이미 다 알고 있지. 전혀 예술적artistic이지 않아. 그런데 나는 좀 더 예술적이고 흥미로운 뭔가를 하고 싶었어"라고 잡스는 전기 작가 월터 아이작슨Walter Isaacson에게 말했다.

그는 사립 인문학 대학인 리드 대학Reed College에만 가겠다고 고집을 부렸다. 오레곤주 포틀랜드에 있는 이 대학은 미국에서 가장 등록금이 비싼 대학중의 하나로, 양부모가 도저히 감당할 수 없는 수준이었다. 그러나 잡스는 리드대에 가지 못하면 아예 대학을 가지 않겠다고 버텼다.

리드대는 학생 수가 고작 1천 명에 불과하고, 학생들은 자유스러운 히피 정신과 라이프스타일로 유명했다. 이들의 자유스러운 분위기는 엄격한 학칙이나 커리큘럼과는 잘 어울리지 않았다. 1970년대에 자퇴생의 비율은 3분의 1에 이르렀다.

마침내 1972년 가을 리드대에 합격한 잡스를 입학시키기 위해 그의 부모가 포틀랜드까지 운전하여 그를 태우고 갔다. 그러나 그들은 캠퍼스 안에는 발도 들여놓지 못했다. 아들은 미국인들이 입에 달고 사는 그 흔한 Thanks나 Good bye 같은 의례적인 작별 인사조차 없이 매몰차게 그들을 돌려보냈다. 잡스는 나중에 그 순간을 이렇게 쓰라리게 회상했다. "내 인생에서 정말 부끄러운 일이다. 나는 그들의 마음을 헤아리지 못했고 그들에게 큰 상처를 주었다. 내가 대학에 갈 수 있도록 그렇게 힘들게 일했는데 나는 그들을 내 주변에 얼씬도 하지 못하게 했다. 나는 내게 부모가 있다는 것을 사람들에게 보이고 싶지 않았다. 그저 기차를 타고 마음 내키는 대로 가다가 아무 곳에나 내리는, 뿌리 없고 아는 사람 없고 배경 없는 떠돌이로 보이고 싶었다."

대학에 들어간 후 그가 읽은 책의 목록은 그를 이해하는데 도움이 될 것이다. 바바 램 다스Baba Ram Dass의 명상 안내서 『지금 여기에Be Here Now』는 그에게 큰 영향을 주었다. "이 책은 나와 내 친구들을 깊이 변화시켰다"고 그는 말한다. 그 외에 그가 읽은 책은 슌류 스즈키의 『선 입문서Beginner's Mind』Zen Mind, 파라마한사 요가난다Paramahansa Yogananda의 『한 요가 수행자의 자서전Autobiography of a Yogi』 등의 동양 종교서와 무어 라페Frances Moore Lappe의 『작은 지구를 위한 다이어트Diet for a Small Planet』 등 채식주의 관련서들이었다.

셰익스피어, 플라톤 등 우리에게 익숙한 인문학 고전을 읽은 것은 차라리 고등학교 때였다. 그는 『리어 왕King Lear』을 특히 좋아했고, 허먼 멜빌Herman Melville(1819~1891)의 『모비딕Moby Dick』이나 딜란 토머스Dylan Thomas(1914~1953)의 시詩들에 심취했다. 고집스럽고 광기어린 캐릭터인 리어 왕이나 에이하브 선장(『모비딕』의 주인공)의 모습에서 우리는 막연하게 스티브 잡스의 모습을 보는 듯하다.

락 음악을 좋아했지만 바하도 몹시 좋아했던 듯하다. 고등학교 3학년 때 1학년 여학생 크리산 브레넌과 사귀며 서니베일 교외의 밀밭으로 자주 피크닉을 갔는데, 어느 순간 광활한 밀밭이 온통 바하의 곡을 연주하는 듯한 기이한 경험을 했다고 회상한다.

요컨대 그는 선禪불교와 딜란, 락 음악, 그리고 환각제에 관심이 있었다. 15세이던 고등학교 1학년에서 2학년 사이에 마리화나를 피우기 시작했고, 그 후 정기적으로 마약을 복용했다. 한 번은 아버지에게 들켜, 아버지가 난생 처음으로 크게 화를 내고, 다시는 마약을 하지 않겠다고 약속하라고 했지만 이 당돌한 양아들은 끝내 약속하지 않았다.

리드대에 온 후에는 한 친구의 다락방에 명상의 방을 차리고 인도

명상의 방을 차리고 인도의 옛 그림 복제, 인도산 양탄자, 초, 향, 방석 등으로 인테리어를 꾸미기도 했다.

의 옛 그림 복제, 인도산 양탄자, 초, 향, 방석 등으로 인테리어를 꾸미기도 했다. 거기서 친구들과 환각제를 복용하거나 명상을 했다.

동양 종교에 대한 심취는 젊은 시절의 일시적인 현상에 그친 것이 아니라 그의 일생을 좌우하게 된다. 잡스의 미니멀리즘 미학과 강력한 집중력은 바로 여기에 근원이 있다.

잡스는 곧 학교생활에 싫증을 냈다. 엄격한 커리큘럼을 참지 못하기도 했지만, 차츰 가치 없다고 생각되는 대학 수강에 노동자 계층인 부모의 저축이 고스란히 쓰인다는 것에 죄의식을 느꼈다. 그리고는 자퇴를 한다. 그러나 아주 학교를 떠나지는 않았고, 자퇴 후에도 학교에 남아 청강과 기숙사 생활을 계속했다. 이렇게 해서 총 18개월간을 학교에서 머물렀다.

자퇴한 후에는 흥미 없는 과목들을 듣지 않아도 되었고, 재미있는 과목을 마음대로 들을 수 있어서 좋았다. 그 중 하나가 서체calligraphy 클래스였다. 아름다운 글자체로 쓰인 강의 안내 포스터를 보고 마음이 끌려 들은 것이다. "나는 활자면에 세리프serif(글자의 가는 장식선)를 넣고 빼는 방식, 서로 다른 글자들 사이의 공간을 조절하는 방식, 큰 활자를 크게 보이게 하는 방식 등을 배웠다. 그것은 아름답고, 역사적이고, 예술적으로 섬세했다. 과학이 도저히 따라잡을 수 없는 것이었다. 이것이 나를 매료시켰다."

이 때 배운 캘리그래피는 후일 그가 그래픽 유저 인터페이스GUI (과거에 DOS를 사용하던 때는 명령어를 일일이 쳐야 했고, 윈도우즈가 나온 이후로는 작은 아이콘들을 마우스로 클릭해 컴퓨터의 정보에 접근하는데, 이렇게 그래픽을 사용하여 사용자와 컴퓨터를 연결시켜 주는 방식을 Graphic User Interface라고 한다)를 개발할 때 큰 도움이 된다. 결국 이 대학에서 등록금 없이 한 학기 동안 청강한 수업 덕분에 매킨토시는 세계에서 가장 아름다운 서체를 지닌 PC가 되었다. 그러나 단순히 서체의 문제만은 아니다. 그를 예술과 기술의 교차점에 위치시킨 결정적인 계기가 되었다. 나중에 그의 모든 제품들에서 기술은 디자인과 결합되고, 우아함이나 인간적인 터치, 혹은 낭만적인 분위기를 갖게 되는데, 그 근원에 이 서체 강의가 있었던 것이다. "내가 우연히 이 강의를 듣지 않았다면 맥 컴퓨터의 서체는 그렇게 다양하지 못했을 것이고, 폰트들은 그렇게 보기 좋은 사이 공간을 갖지 못했을 것이다"라고 그는 자주 말했다.

한 마디로 그는 대학과 전공의 권위에 대한 우리의 맹신을 보기 좋게 무너뜨린다. 2005년 스탠퍼드 대학 졸업식에서 그는 대학 공부가 가난한 아버지의 돈을 몽땅 갖다 바칠 만큼 가치가 있는 것은 아니었다고 말했다. 대학의 과목들은 다 쓸 데 없었고 등록금 없이 청강한 서체 과목만이 겨우 도움이 됐다면서, 대학을 자퇴한 것이 자신이 평생 했던 결정 중 최고의 결정이었다고도 했다.

일류 대학 졸업식에서 엘리트 의식에 가득찬 학생들의 자존심에 찬물을 끼얹는듯한 이 발언은 대학이란 무엇인가에 대한 반성을 우리에게 안겨준다. 그는 공학을 공부하지 않았으면서 최상의 테크놀로지를 이루었고, 인문학을 전공하지 않았으면서 기계에 인문학의 향취를 불어 넣었으며, 미술을 배운 적이 없으면서 완벽에 가까운 미를 제품으로 구현했다. 빌 게이츠, 스티브 잡스, 마크 저커버그 등이 모두 대학 중퇴자라는 것이 우리를 착잡하게 하면서 동시에 희망을 준다. 물론 그들의 독립적이고 창의적인 성격과 불굴의 노력이 성공의 요인이지, 대학 중퇴를 지나치게 미화할 필요는 없을지 모른다.

아마도 미래의 역사 교과서는 '아이폰 이전以前과 이후'로 시대를 구분하지 않을까 싶다. 20세기 중반부터 정보화 사회에 들어섰다고 하지만 사실 진정한 정보화 혁명은 잡스의 '애플'에서 시작됐다고 해도 과언이 아니다. 전 세계가 잡스에 대한 애도哀悼 열기로 뜨거운 것은 그가 보여준 융합과 혁신이 단순히 스마트폰과 태블릿 PC 같은 기술 혁신에만 머물지 않고, IT 분야를 넘어서서 모든 제조업 아니 모든 공공 부문의 롤 모델이 되었기 때문이다.

극단적으로 분화分化되고 전문화되어 비전문인들의 공감을 쉽게 얻어내지 못했던 인문학과 예술이 다시 사람들 옆으로 돌아오기 시작한 것도 그의 커다란 공로다. 공생의 의미를 끌어낸 생태계 개념, 유희적 인간성을 다시 생각하게 하는 놀이 개념, 인류의 야성적 유목성을 일깨운 노마드 개념, 아름다움이라는 가치를 만들어낸 미학화의 개념 등으로 스티브 잡스는 우리 시대 전체의 인간의 문제를 재검토하게 만들었다. '애플은 기술과 인문학의 교차점에 있다'라거나 또는 '우리가 사람들의 가슴을 울리는 결과를 내는 것은 인문학과 결합된 과학기술 덕분이다'라는 스티브 잡스의 말에서 알 수 있듯이 애플 신드롬은 단순히 기업이나 기술의 문제가 아니라 우리 시대 인문학의 문제인 것이다.

몇 년 전부터 '인문학의 위기'에 대한 논의들이 세인의 관심을 끌면서, 한국은 지금 인문학 열풍이라고 해도 과언이 아니다. 제품에 인문학적 터치가 부족했다는 대대적인 반성과 함께 삼성전자 등 대기업들도 인문학 전공자의 채용을 늘일 계획이라고 발표했다. 한 백화점은 2009년부터 인문학 교육을 시작해 간부급은 물론 말단 직원과 직원 가족으로까지 확산시키고 있다. 경쟁시대를 헤쳐 나가려면 유통 분야의 지식만이 아니라 거시적인 안목이 필요한데 그 안목을 키워주는 것이 바로 인문학적 소양이라는 것이다.

삼성경제연구소가 2011년 말 최고경영자 500명을 대상으로 한 설문조사에서 98%가 '인문학적 소양이 기업 경영에 도움이 된다'고 답했다. 80%는 '인문학 소양이 풍부한 인재를 우선 채용하겠다'고도 했다. 그동안 생산성이나 기업 경영에 아무 연관이 없다고 여겨지던 인문학이 이처럼 새롭게 각광을 받게 된 것은 노동의 성격이 바뀌었기 때문이다. 산업혁명 후 200년간의 산업사회를 거치면서 과거에 사람들이 손과 발을 사용해 하던 일을 지금은 자동화 기계가 대신하고 있고, 머리를 쓰는 일 중에서도 반복적, 기계적인 일은 대부분 컴퓨터가 담당하고 있다.

결국 인간만이 할 수 있는 일은 창조적인 아이디어를 내는 것과 사물을 통합적으로 판단하는 통찰력뿐이다. 그런데 창의성이나 통찰력은 폭넓은 지식의 바탕에서 나오는 것이고, 그 폭넓은 지식이란 다름 아닌 인문학이다. 사회학자 다니엘 핑크Daniel H. Pink는 미래 사회를 하이 컨셉high concept, 하이 터치high touch의 시대로 규정하면서, 미래 사회에는 타인과의 감정적 유대가 가장 중요한 요소가 될 것이라고 내다보았다. 타인과 감정적 유대를 맺을 수 있는 능력 역시 폭넓은 인문학적 지식의 바탕에서 나오는 것이다. 예컨대 서양인과 공감하려면 그들 사고의 원천인 헬레니즘과 헤브라이즘을 알아야 하고, 중국인들과 대화하려면 유교儒敎나 도가道家 사상을 알아야만 하기 때문이다.

우리나라는 이제서야 깨닫고 있지만 이미 미국의 대부분의 경영학 석사과정MBA에는 철학, 문학, 역사 등이 포함되어 있다. 시카고대는 일찍이 1929년부터 1학년생 전원에게 100권의 인문교양도서를 읽히는 '시카고 플랜'을 시행해 오고 있다. 시카고대가 하버드나 MIT보다 더 많은 노벨상 수상자(89여 명)를 낸 것이 이와 결코 무관하지 않을 것이다.

시카고 플랜
시카고 플랜에 소개되었던 책 목록

그러나 막상 인문학이 무엇이냐고 묻는다면 쉽게 답이 나오지 않는다. 모 신문사의 문화 사업인 '거리 위의 인문학'은 유적 탐방을 통해 한국의 역사적 인물을 돌이켜 보는 것이고, 많은 비즈니스 잡지의 칼럼들에서는 공자, 맹자, 손자병법 등 중국의 고전 읽기가 인문학이다. 그런가 하면 언론에 자주 등장하는 한 동물학자는 유력한 인문학자로 여겨져 인문학 강의의 인기 강사가 되고 있다. 그렇다면 인문학이란 무엇인가?

스티브 잡스가 '기술과 인문학의 접목'이라고 했을 때 그가 쓴 단어는 liberal arts였다. liberal arts란 요즘에는 대학에서 전공 과목 이전에 배우는 교양 과목들을 뜻하지만, 원래는 서양에서 중세부터 르네상스 시대까지 젊은이에게 가르쳤던 7자유문예과목을 말한다. 7자유문예과목이란 문법, 논리학, 수사학, 산수, 기하, 역사, 천문 등이다. 흔히 우리는 문사철文史哲을 인문학으로 알고 있는데, 최초의 인문학에는 문학, 역사, 철학이 다 빠져 있다. 철학은 가장 기본적이고 고귀한 학문이어서 따로·제일 위에 있기 때문이고, 문학은 아직 학문으로 여겨지지 않았기 때문일 것이다.

르네상스 이전까지의 인문학이 경험적인 세계에서의 실용적인 기술을 가르치는 학문이었다면 르네상스 이후의 인문학은 분석적, 비판적 방법으로 인간의 여러 조건들을 연구하는 좀 더 사변적인 학문이다. 그러므로 '인문학이 돈 되는 학문은 아니다'라는 말은 근원적으로 맞다. 현대적인 의미에서 인문학은 대강 철학, 미학, 문학, 역사 등 대학의 문과 대학 교양과목을 의미한다. 여기에는 고대어, 현대어 등의 언어와 언어학 그리고 문학, 역사, 철학, 종교가 포함되고, 우리가 흔히 예능으로 분류하는 시각예술, 공연예술, 음악, 연극 등도 역시 포함된다. 사회과학 분야인 인류학, 지역학, 커뮤니케이션학, 문화연구, 법학 등도 넓은 의미에서의 인문학이다. 인문학 내용을 분석하는데 있어서 디지털 기기와 방법을 사용하거나, 고전 문헌을 데이터화 한다든가 하는 방법적 과정을 디지털 인문학digital humanities이라고 부르기도 한다.

여하튼 인문학은 한 인간이 인간다운 삶을 영위하는데 필요한 모든 기본적인 문제를 성찰하는 학문이다. 그런데 인간이란 혼자 사는 존재가 아니라 다른 인간들과 더불어 세계 속에서 살고 있는 존재이다. 그 세계 안에는 기본적으로 탄생이 있고, 사랑, 우정, 희망이 있으며 이성도 있지만 한편으로는 비합리성과 절망과 고독과 죽음이 있다. 이 모든 문제를 직시하고 분석하고 성찰하는 것이 바로 인문학이다. 그러므로 인문학적 마인드란 인간에 대한 모든 관심 혹은 배려에 다름 아니다.

인간에 대한 배려가 인문학

　스티브 잡스는 최첨단의 기술을 사람들이 쉽게 사용할 수 있도록 만드는 일에 혼신의 힘을 기울였다. 물론 그가 완전히 새로운 것을 창안한 것은 없다. 공식 전기에서 스스로 고백했듯이 그의 작업은 '먼저 이루어진 성과들 위에 몇 가지를 덧붙여 놓는' 일이었다. 사실 그는 완전히 새로운 것을 창조했다기 보다는 이미 나온 제품을 개선하여 완벽한 것으로 만드는 것에 재능을 보였다. 언제나 기존의, 반쯤 형성된 아이디어를 자기 식으로 반복하여, 거기에 새로운 서비스를 입혀 깜짝 놀랄만한 신제품을 만들어낸 것이다. 그래서 말콤 글래드웰은 그의 천재성이 디자인이나 경영이 아니라 편집editing에서 발휘되었다고 말하기도 했다.

　마우스가 딸린 컴퓨터, 디지털 뮤직 플레이어, 스마트폰 등이 그렇게 태어났다. 2001년에 출시된 아이팟은 **최초의 MP3 플레이어**보다 5년 늦었고, 2007년에 출시된 아이폰은 최초의 스마트폰보다 8년 늦었다. 그러나 사람들은 아이팟이나 아이폰의 편리함만을 고마워하지 그 원본을 굳이 기억하지 않는다.

　아이팟보다 5년 전에 세계 최초로 MP3 플레이어(이하 MP3P)를 개발한 한국기업은 한때 세계 MP3P 시장의 80%를 장악했었지만 애플의

**최초의
MP3 플레이어**
최초의 MP3 플레이어에
대해 포스팅된 블로그

38　|

아이팟에 완전히 주도권을 빼앗기고 말았다. 그 이유는 MP3P가 불과 10여 곡 밖에 담을 수 없는 단순한 음악 재생기기였던데 반해 아이팟은 5GB의 내장형 HDD에 1천곡의 노래를 저장할 수 있는 획기적인 기기였기 때문이다. 여기서 애플이 만든 것이 '아이튠즈 뮤직스토어'라는 온라인 장터였다. 아이튠즈 뮤직스토어를 통해 사람들은 부담없는 가격에 음악을 합법적으로 구매하게 되었고, 음악은 돈 주고 사서 듣는 것이라는 인식이 확산되었으며, 결국 전 세계적으로 도산 직전에 몰렸던 음원회사들이 소생하기 시작했다.

아이팟이 처음 나왔을 때 사람들은 iPod이 Idiots Price Our Device(멍청한 놈들이 가격을 매긴 기기)의 약자라고 조롱했지만 스티브 잡스는 편리하게 음악 파일을 들을 수 있는 기능을 예쁜 디자인에 포장하여 제공하면 소비자들이 CD 대신 MP3를 들을 것이라고 믿었다. 아이팟 등장 이후 휴대용 카세트테이프와 CD플레이어는 빠르게 모습을 감췄다. 본격적인 디지털 음악 감상시대가 열린 것이다. 사람들이 음악을 듣는 방식도 완전히 바뀌게 되었다. 2010년 2월 기준으로 아이튠즈 뮤직스토어는 전 세계에 100억 곡이 넘는 인터넷 음악을 팔았다. 미국에서는 디지털음악 유통시장의 70%, MP3 플레이어시장의 90%를 차지하고 있다. 이 모델은 나중에 아이폰의 앱스토어로 이어진다.

마우스도 마찬가지다. 사람들은 마우스가 잡스의 발명품인줄 알고 있지만 사실은 제록스사가 내부적으로 사용하기 위해 발명한 것이다. 더 정확히 말하면 1968년 스탠퍼드 연구센터의 연구원이었던 더글러스 엥겔바트 Douglas C. Engelbart가 발명한 것이다.

▌아이튠즈 뮤직스토어 덕분에 사람들은 음악은 돈 주고 사서 듣는 것이라는 인식이 확산되었다.

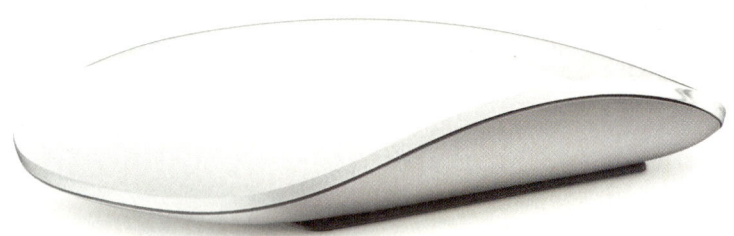

▮ 최초의 마우스와 애플사의 최신 무선 마우스

제록스는 컴퓨터 화면에 커서를 그래픽으로 작동시켜 화면을 즉시 변화시키는 마우스가 얼마나 큰 활용 가치가 있는지를 잘 몰랐다. 결국 이 특허권을 4만 달러라는 싼 값에 애플에 넘겨주고 말았다. 장자莊子 소요유편逍遙遊篇 제4장에 나오는 에피소드가 생각난다.

춘추전국 시대 작은 나라인 송나라 사람 중에 대대로 솜을 물에 빠는 일을 가업으로 삼고 있는 사람이 있었다. 그는 손이 트지 않는 약을 만드는 비법을 가지고 있었다. 이느날 나그네가 백금을 줄테니 그 약 만드는 비방秘方을 팔라고 했다. 세탁업자는 가족회의를 열어 '우리는 대대로 솜 세탁하는 일을 하며 수입이 몇 금金에 지나지 않는데 하루아침에 그 기술을 백금에 팔게 되었으니 주어버리자'고 말했다. 이 비방을 얻은 나그네는 오吳나라 왕에게 수중전水中戰에 이 약을 이용할 것을 제안했다. 겨울에 전쟁이 일어나자 오왕은 그 나그네를 장수로 삼아 수중전을 펼쳤고, 과연 오나라는 월나라 군사를 크게 무찔렀다. 손발이 트지 않은 병사들이 기운차게 싸움에 임했기 때문이다. 오왕은 그 공훈을 기려 나그네에게 땅을 주어 영주로 봉하였다. 손을 트지 않게 하는 비방은 하나이지만 어떤 사람은 그것으로 영주가 되고 어떤 사람은 그것으로 세탁업을 면치 못했으니 똑같은 방법이라도 어디에 쓰느냐가 이렇게 다른 것이다.

사람들은 무에서 유를 만들어내듯 뭔가 완전히 새로운 것을 만들어내는 것만 창의성인 줄 알고 있지만 이처럼 조그만 차이, 사소한 변화를 통해 사람을 이롭게 또는 행복하게 만드는 것 역시 위대한 창의성인 것이다. 스티브 잡스의 창의성은 소비자 중심으로 제품을 보는 시각에 있었다. 그것이 바로 인간에 대한 배려, 또는 인간 중심의 사고이며, 다름아닌 인문학적 사고인 것이다.

잡스는 "사용자들이 제품에 맞추는 것이 아니라 제품이 사용자를 위해 만들어져야 한다"고 했는데, 이 단순한 명제야말로 하이테크 기술이 궁극적으로 추구해야 할 목표다. 그는 애플을 창업한 1970년대부터 제품 내부 기판의 납땜 상태를 다듬어야 하고 배선을 줄여 소음을 없애야 한다고 일관되게 주장했다. 애플 제품의 성공 요인은 단순히 디자인 때문도 아니고 단순히 성능 때문도 아니다. 제품 곳곳에 배어 있는 편의성과 사소한 부분에서의 편리함이 유저를 감동시킨다. 손가락을 돌려서 조작하는 아이팟의 클릭휠 인터페이스는 수만 곡 가운데 찾고 싶은 노래를 단 세 번의 클릭으로 고를 수 있다. 소위 사용자 인터페이스User Interface라는 말 대신 만들어낸 사용자 경험User Experience인 것이다.

아이폰과 아이팟이 나오기 전에 사람들은 많은 것을 가지고 다녔다. MP3P, 전화기, 노트북, 공책, 작은 책자와 서류 등 모두 합치면 노트북 무게 평균 2.5kg을 포함해 최소 5kg은 들고 다녀야 했다. 특히 대학생들은 책이 많기 때문에 장비의 무게가 더욱 무거웠다. 보다 튼튼한 가방을 구입하거나 아니면 노트북을 아예 집에 두고 다녀야 했다. 그래서 사람들은 좀 더 가벼운 기기를 선호했다. 그러나 이런 필요 혹은 흐름을 아무도 눈치채지 못했다. 스티브 잡스 열풍이 한 바탕 지나간 뒤 2011년, 사람들은 간편하게 휴대폰과 태블릿만을 들고 다닌다.

기술 발전이 빠르고 시장 환경이 급변하는 오늘날은 과거에 1년 혹은 3년 이상 시장을 움직이던 방식이 순식간에 구식이 된다. 기술적으로 아무리 뛰어난 제품이라도 소비자에게 감동을 주지 못하면 곧바로 외면당한다. 그래서 필요한 것이 인문학적 상상력과 예술적 창조성이다. 인간애를 바탕으로 한, 기술적 복잡성과 단순한 디자인의 융합이 애플 마니아를 열광시킨 잡스의 탁월한 전략이었다.

앞으로는 '어떻게 하면 기술을 더 정교하고 복잡하게 만들까'가 아니라 '어떻게 하면 세계를 더 인간적으로 만들 수 있을까'가 산업계의 관심사가 되어야 한다. 기술은 도구일 뿐이고 그 목표는 어디까지나 인간이기 때문이다.

애플 신드롬

2007년 1월 샌프란시스코 모스콘 컨벤션센터 맥월드 컨퍼런스&엑스포 행사장에 나타난 스티브 잡스는 "애플이 오늘 휴대폰을 재발명합니다"라고 선언했다. 아이폰이 탄생한 역사적 날이었다. 그 후 2010년 아이패드 출시까지 이어지는 일련의 사건은 엄청난 충격으로 전세계 산업계에 지각변동을 일으켰다. 스티브 잡스가 제시한 새로운 비즈니스 모델 앞에서 시장 불확실성은 극에 달했고, 모든 경쟁업체들이 공포심을 느꼈다. 가히 '애플 신드롬', '애플 적조赤潮 현상'이라 할 만했다.

아이폰iPhone은 일차적으로는 기존의 PC와 모바일 시장에 타격을 주었다. 휴대전화 제조 1위 업체인 노키아는 맥없이 주저앉았고, 소프트웨어 기업인 구글은 하드웨어 생산자인 모토롤라 모빌리티를 인수했다. 아마존은 7인치 화면의 태블릿 PC '킨들 파이어Kindle Fire'를 199달러에 출시했다. 499~799 달러의 애플 아이패드2의 절반 가격이다. 삼성도 당황했다. 2009년 삼성전자의 스마트폰 세계시장 점유율은 3.7%에 불과했다. 세련된 디자인에 다양한 응용 프로그램을 갖춘 애플의 아이폰을 도저히 따라갈 수 없어서 패색이 역력했다. 2011년 7

▌2011년 전 세계 미술시장에서 최고가로 낙찰된 중국 치바이스의 『송백고립도』
제조원가는 미술품의 가격과 아무 상관이 없다. 그런 점에서 애플은 더 이상 상품이 아니라, 예술작품이 되었다.

월말에는 삼성전자의 2분기 실적 중 LCD 패널 부분에서 약 2천억 원의 적자를 기록했다. 다행히 발빠르게 개발한 갤럭시S2, 갤럭시노트 등 얇고 선명한 스마트폰의 반응이 좋아 같은 해 3분기에는 스마트폰 2천8백만 대를 팔았다. 그러나 4분기의 실적은 역시 애플이 1등이다. 애플은 총 3천7백만 대의 아이폰을 팔아 463억 3천만 달러(52조원)의 매출을 올리고 삼성의 3배가 넘는 173억 달러(19조원)의 영업이익을 냈다. 매출 대비 이익률은 37%다. 삼성전자는 11%이다. 삼성전자는 스마트폰, 반도체, 디스플레이를 모두 포함하여 2011년 총 매출이 164조 7천억 원, 영업이익은 16조 1천5백억 원이다.

그러나 삼성전자의 2분기 실적에서 우리의 관심을 끈 것은 삼성의 42인치 LCD TV가 9.7인치 크기의 아이패드보다 값이 싼, '가격 역전' 현상이 일어났다는 것이다. 이는 기업 트렌드의 변화라는 점에서 매우 시사하는 바가 크다. TV와 태블릿PC 등 정보·영상기기의 경우 제조 원가에서 가장 큰 비율을 차지하는 것이 LCD 패널이다. LCD 패널은 클수록 가격이 비싸므로, 큰 화면의 LCD TV가 작은 화면의 아이패드보다 당연히 가격이 비싸야 한다. 그런데 TV의 4분의 1밖에 안되는 작은 아이패드가 큰 TV보다 값이 더 비싸졌다. 일반적인 제조원가 원칙이 무너졌음을 보여주는 역사적인 사건이다.

상품 생산의 기본 조건인 제조원가를 능가하는 가치가 도대체 무엇이란 말인가? 여기서 우리는 가시적 물질적 가치 이외에 눈에 보이지 않는 비가시적 가치가 있음을 감지한다. 흔히 눈에 보이지 않는 가치란 예술이니 종교니 하는 정신적인 것에 귀속되는 성질이었지, 일상적 사물인 대량 생산 제품에 적용되던 가치는 아니었다.

고가에 팔리는 미술 작품에서 제조 원가를 따지는 사람은 없다. 2011년 전 세계 미술시장에서 경매 낙찰가 1위는 중국 베이징에서 우리 돈으로 약 7백18억 원에 낙찰된 치바이스齊白石(1860~1957)의 1946년

작 수묵화 「송백고립도松柏高立圖」였다. 종이와 먹 값, 그리고 화가의 몇 일간의 수고를 합쳐봐야 제조 원가는 미미하기 짝이 없다. 2012년 1월 아테네 국립미술관 직원들의 파업 도중 도난당한 피카소의 「여인의 머리」는 얼굴과 가슴 부분이 직선 몇 개로 이루어진 기하학적 형태여서, 화가가 이것을 그릴 때 몇십분도 걸리지 않았을 것처럼 보인다. 그러나 그림 가격은 무려 81억 원이다.

미술품에서 원가를 따지는 사람은 없다. 예술품은 아예 비용과 가격이라는 경제 원리가 적용되지 않는 다른 차원의 것이다. 그렇다면 LCD-아이패드 현상은 제품이 더 이상 상업적인 제품이 아니라 예술품이고, 제품의 생산이 더 이상 생산이 아니라 창작인 시대의 서막을 알리는 것인가? 경제 논리는 무너지고, 경제와 예술이 서로 넘나드는 세상이 되었다. 여하튼 세상은 달라지고 있다.

하드에서 소프트로

거시적으로 보아 인류의 역사는 하드에서 소프트로의 전환이라고 보아도 좋겠다. 석탄 등 고체 연료에서 석유로, 석유에서 전기로 이어지는 에너지도 그렇고, 산업에서 서비스 혹은 정보로 이어지는 산업의 형식도 그러하다. 복잡계 경제학의 대가인 브라이언 아서Brian Arthur 미국 산타페 연구소 소장은 50~60년마다 새로운 기술이 나타나 경제와 산업은 물론 사회와 정치까지 바꿔왔다고 말한다. 그는 경제를 사람의 몸에 비유하여 2백년 전 증기기관이 발명되고 기계가 등장했던 산업혁명 때는 근육을 얻었고, 오늘날 디지털화한 경제에서는 지능과 신경망을 갖게 되었다고 했다.

디지털 경제 시대에는 공간적으로 멀리 떨어진 여러 대의 컴퓨터가 긴밀히 연결돼 끊임없이 대화를 주고받으며 전 세계적으로 상시 작동하고 있다. 공항의 무인 체크인 시스템을 예로 들어보면, 신분증을 체크인 기계에 밀어 넣고 항공권 접수, 좌석 배정, 보안 체크까지 마치는 데 드는 시간이 불과 3~4초이다. 이것이 디지털 경제다.

물질의 영역만이 아니라 통치의 형태나 정치 행위 같은 비가시적 영역에서도 하드에서 소프트로의 전환을 분명하게 볼 수 있다. 80년 대에 타계한 푸코Michel Foucault는 폭력적 강제력에 기반한 왕조 시대 의 권력에서부터 시선과 앎에 기반한 소프트한 규율 권력으로의 이행 이 고전시대와 근대를 구분 짓는 분수령이라고 말한 바 있다.

IT산업 자체가 종래의 산업에 비하면 소프트한 산업이지만 그 IT산 업 내부에서도 무게 중심은 단순 하드웨어에서 소프트웨어로 이동하 고 있다. 아이패드와 LCD TV의 가격 역전 현상이 보여주듯 IT산업의 중심은 스마트 기기로 이동하고 있고, 그 스마트 기기에서도 중요한 것은 소프트웨어 부분이다. 삼성전자 등 한국의 대기업은 지난 10년 간 '선명한 화질'과 '더 큰 화면'이라는 순전히 기술적 측면의 경쟁 에만 매달려 왔다. 그러다가 아이폰 현상으로 갑자기 그 모든 메리트 가 밑동치서부터 흔들리는 위기를 맞게 되었다.

애플은 아이튠즈 · 앱스토어에 e북 20만 권, 영화 1만 편, TV 프로 그램 5만 편, 음악파일 1천 8백만 개 정도를 갖고 있다. 최근 아마존이 저가 태블릿 PC를 내놓을 수 있었던 것도 e북, 음악, 영화, TV 프로그 램 같은 엄청난 콘텐츠를 소유하고 있기 때문에 가능했다. 2010년 4월 애플이 아이패드를 선보인 뒤 유력한 IT 기업들이 모두 태블릿 PC 시 장에 뛰어들었지만 결과는 애플의 시장 점유율 70%를 무너뜨리지 못 했다. 휴렛 팩커드HP는 아예 터치패드 사업을 포기하기에 이르렀다. 치열한 소프트웨어 전쟁이 시작된 것이다.

이제 IT 산업은 소프트웨어가 하드웨어를 이끄는 구조다. 애플은 그 소프트웨어에 디자인과 서비스를 통합시켜 기업 자체를 소프트화,

서비스화시켰다. 그러나 삼성 등 한국의 기업들은 기술 경쟁력만이 최고라는 하드적 사고의 고정관념에서 벗어나지 못하고 계속해서 소프트웨어와 하드웨어를 분리하는 전략으로 가다가 갑자기 위기를 당한 것이다. 안드로이드 운영체계를 사지 않겠느냐고 제안이 왔을 때 삼성이 거절함으로써 절호의 기회를 놓쳤다는 이야기는 삼성이 콘텐츠에 대한 마인드가 부족했다는 것을 보여주는 적나라한 사례라고 하겠다.

삼성이 갤럭시S를 발표하며 기술에 대해서만 말할 때 아이폰4를 시연하는 스티브 잡스는 꿈을 이야기했다. "어릴 적 「스타트렉Star Trek」을 보면서 화상 대화를 꿈꿔왔는데 이것이 정말 현실이 됐다"는 것이다. 딱딱한 기계 제품과 전혀 어울리지 않을 듯한 부드러운 언어의 사용, 이런 사소한 소프트 방식이 소비자의 거대한 울림을 끌어냈다. 새로운 비즈니스 모델이 출현한 것이다. 구글의 모토롤라 인수 이후 모두가 소프트웨어를 얘기하고 있다. IT 산업만이 아니라 하다못해 BMW 같은 자동차 메이커도 롤 모델은 애플이라고 공공연히 밝힌다. 제조업체지만 제품만 만들어 파는 기존 방식으로는 안정적 수익을 낼 수 없다는 위기감에서 차량용 정보기술 솔루션 '커넥티드 드라이브'를 개발하게 되었다는 것이다.

삼성도 상대적으로 열세였던 감성적 측면을 보완하려는 듯 갤럭시노트에 펜 기능을 집어넣었다. 갤럭시노트의 전자펜은 키보드나 터치스크린만 두드리던 사람들에게 아날로그적 감성을 되살려 주었다는 호평을 받고 있다. 월 100만 대씩 생산할 정도로 반응이 좋다고 한다.

여성, 감성
하드와 소프트는 단순히 하드웨어와 소프트웨어라는 컴퓨터 용어만은 아니다. 오늘의 현대 사회를 정확히 예견한 미래학자 존 나이스비트John Naisbitt는 20세기 말부터 사람들의 관심이 예술로 옮겨가고 있으며, 따라서 21세기는 새로운 문예부흥의 시대라고 말했다. 그에 의하면 19세기 산업혁명 이래 20세기 중반까지는 산업시대였는데, 20세기 말부터 산업시대는 끝나고 정보 시대가 되었다.

산업시대의 모델은 군인이고, 남성이며, 그 상징은 스포츠였다. 그러나 정보시대의 중심은 예술이 될 것이다. 아티스트가 시대의 모델이 되고, 모든 것이 미학화될 것이다. 군인, 산업, 스포츠 모두가 딱딱한 것이다. 거기에 유연함은 없다. 기계의 딱딱함, 군인의 경직된 위계질서, 한 치의 오차도 허용하지 않는 엄격한 스포츠 규칙, 이것들이 산업시대의 특징이었다면 정보시대에는 모든 것이 부드럽고 유연하다. 정보라는 것 자체가 형식 속에 갇힌 어떤 형태가 아니라 무한하게 변형하는 무형의 것이기 때문이다.

요즘 모두 디자인을 말하고 디자인 경영을 말하며 브랜드의 중요성을 말한다. 이 모두가 예술 특히 미술과 문학이 없이는 불가능한 것이다. 제품 디자인은 말할 것도 없고, 회사나 제품의 이미지를 직접적으로 결정하는 로고나 광고 등 모든 홍보의 수단이 일차적으로는 그래픽 디자인이며 더 심층적으로는 스토리텔링이기 때문이다. 하다못해 패션 디자인도 스토리텔링을 말하고 있다. 자신이 만드는 옷의 컨셉을 "무심한 듯 하지만 입으면서 보물찾기 하듯 감각적인 디테일을 발견할 수 있는 옷, 스토리가 있는 옷"이라고 말하는 한 젊은 디자이너의 말을 듣고 세상의 변화를 실감했다.

▌ 주로 검정색, 흰색의 단순한 라인으로 된 여성의복을 우리는 미니멀리즘 패션이라고 한다.

정보시대의 중심은 예술이 될 것이고, 아티스트가 시대의 모델이 될 것이며, 모든 것이 미학화될 것이다. 예술가의 자유분방한 창의성에서 나오는, 유연하고 섬세한 무형의 물질이 기업의 가시적이고 견고한 뼈대를 형성하는 가장 중요한 요소가 될 것이다. 모든 부드럽고 유연한 것이 힘세고 딱딱한 것을 이길 것이다. 소위 노자老子가 말하는 유약승강강柔弱勝剛强이다. 부드러움이란 여성의 성질이기도 하다. 그리고 당연히 이성 보다는 감성적인 것이다.

미래학자 존 나이스비트가 이미 1990년대에 예언했던 감성feeling, 여성female, 허구fiction의 3F 시대가 도래한 것 같다. 여성들의 괄목할만한 사회진출, 모든 분야에서 거론되고 있는 스토리텔링의 중요성, 마케팅이니 정치니 모든 부분에서 중요하게 여겨지는 감성적 요소들은 우리 시대가 3F의 시대로 진입했음을 보여준다.

시각에서 촉각으로

감성feeling 또는 여성female이라는 트렌드에서 우리는 어쩔 수 없이 우리의 지각 방식까지 문제 삼지 않을 수 없다. 플라톤 이래 우리의 지각 중 가장 중요한 것은 시각이었다. 시각은 인간과 세계를 맺어주는 가장 신뢰할만한 매개로 여겨져 고대 그리스 이래 서구 철학에서 가장 핵심적인 역할을 담당했다. "눈으로 보지 않아 알 수 없어"라는 말은 우리가 시각에 부여하는 절대적인 신뢰를 단적으로 보여주는 것이다. 그런데 시각의 전형적인 방식은 원근법이다. 원근법이란 고정된 주체가 고정된 시점에 서서 대상과 적정한 거리를 유지하며 대상을 바라봄을 뜻한다. 이 원근법적 사고에서부터 인간과 세계의 '거리두기', '대상화' 같은 서구 철학의 기본 개념이 나왔다.

이 시각 중심의 사고가 비판을 받기 시작한 것은 미셸 푸코 등 탈구

조주의 철학자들에 의해서였다. 시각은 하나의 주체가 어떤 대상을 바라보는 행위인데, 거기에는 바라보는 주체와 바라보이는 대상이 반드시 있게 마련이다. 그 사이에는 얼마간의 거리가 있어야 한다. 눈과 대상이 밀착해 있으면 대상의 전체 모습을 파악할 수 없기 때문이다. 철학이나 미학의 '비판적 거리' 혹은 '미학적 거리'라는 용어의 의미가 바로 그것이다. 작품의 아름다움을 감상하기 위해서는 그 작품과 얼마간의 거리를 두고 바라보아야 한다거나, 어떤 현상을 비판하기 위해서는 그 현상과 적절한 거리를 유지해야 한다는 것이다.

그러나 주체의 조건이 고려되지 않고, 모든 변수도 제거된 채, 고정된 시점에서 고정된 시선에 의해 관찰된 대상이 과연 얼마나 진실일까? 원근법적 회화에서 볼 수 있듯이 화가의 위치가 조금만 달라져도, 또는 소실점의 대상이 조금만 이동해도 견고하게 꽉 짜인 회화의 구도는 와르르 무너지고 만다. 사회과학이나 철학의 논증도 마찬가지다. 특정의 연구자가 가진 개인적 편견이나 조건은 일체 고려 대상에 넣지 않은 채 특정의 대상만을 한 지점에 고정시켜 진행하는 연구 결과가 과연 현실과 부합되는 것일까? 20세기 중반부터 탈근대적 철학자들이 원근법적 사고에 기반한 이성중심주의에 회의를 표시하기 시작한 이유가 바로 그것이었다.

원근법의 창시자
알베르티의 『회화론』

이와 같은 시각 중심의 사고를 권력 문제의 관점에서 비판한 것은 미셸 푸코였다. 바라보는 주체가 대상의 모든 것을 판단하고 평가하므로 주체는 대상에 대해 우월한 지위를 점한다. 그 우월한 지위는 시선에 의해 행사된다. 시선은 타자성이다. 타인의 시선 앞에서 몸이 얼어붙은 듯 꼼짝 못하게 되는 것은 타인과 나 사이에 지배관계가 형성되어 있다는 것을 의미한다. 시선은 그러므로 권력의 관계다. 타인이 우리에게 권력을 행사하고 우리를 수치스럽게 만드는 것은 모두 시선을 통해서이다.

▎아이패드의 메인화면.
　종전에 감압식 터치 기능을 정전식으로 바꿈으로써 우리의 촉각을 한층 더 소프트하게 만들었다.

iPad 출시 당시 스티브 잡스의
프레젠테이션 영상

페미니즘에서 시각을 비판하는 것도 그런 이유에서이다. 여성에 대한 모든 관점은 주로 남성들이 만든 것이다. 즉 주체로서의 남성이 여성을 대상으로 보고 자신의 생각에 따라 여성의 모든 것을 재단하고 평가했다는 것이다. 주체인 남성은 여성을 객체로, 다시 말해 하나의 대상으로 만들어 버렸다. 객체인 여성도 역시 자신의 견해와 생각을 갖는 주체이건만 그는 남성의 시각에 의해 한갓 대상이 되고 만다. 여권론자들이 응시(바라봄)를 남성적인 것이라고 주장하면서 보는 전통적인 과학과 철학을 비판하는 이유가 그것이다.

그래서 여권론자들이 선호하는 지각은 촉각이다. 촉각은 청각이나 시각 등 다른 지각과는 달리 유일하게 주체와 대상 사이의 거리가 없는, 주체와 대상이 밀착되어 있는 지각 형태이다. 여권론자들은 촉각이야 말로 가장 여성적인 지각이라고 보고, 남성적인 시각 대신 촉각의 중요성을 강조한다. 주체와 객체의 분리가 아닌, 합일에 기초한 새로운 과학과 철학이 촉각적 사고에서 가능하다는 것이다.

터치의 시대

존 나이스비트의 '하이 터치' 이론은 촉각이 새롭게 중요한 지각 방식으로 부각되는 시점에 나온 것이어서 매우 의미심장하다. 그는 20세기 말이 기술만 중시하는 하이테크의 시대였다면 21세기의 세계는 고도의 감성이 중요한 요소로 떠오르는 하이 터치High Touch의 시대가 될 것이라고 예견했다.

터치, 그것은 여권론자들이 그토록 중시했던 촉각에 다름 아니다. 여성, 감성, 터치 이 모든 것이 소프트한 사회로 수렴되는 요소들이다. 그러고 보니 아이폰, 아이패드에서 터치는 가장 중요한 기본적인 지각이다. 부드럽게 손만 대면 원하는 프로그램으로 이동되는 그 유연한

아마존의 킨들

느낌에 온 세계가 중독되었다. 아마존의 킨들을 쓰고 있는 나는 페이지를 이동할 때마다 버튼을 꾹꾹 눌러야 하는 야만스러움에 치를 떨며 무의식적으로 자꾸만 화면을 손으로 쓰다듬게 된다. 이제 우리는 터치가 아닌 것에 더 이상 매력을 느낄 수가 없게 되었다.

아이러니하게도 가장 비인간적이고 차가운 전자기기에서 우리의 가장 감성적인 지각知覺이 과거에 한번도 누려보지 못했던 중요한 위치를 차지하고 있다. 스티브 잡스는 지각의 무게중심이 이동하는 미묘한 트렌드를 적시에 간파하여 그 흐름에 올라 탄 천재적 기업가였다. 그는 깨끗한 표면을 만들기 위해 모든 인터페이스를 터치 기능으로 만들었고, 터치스크린 화면에 2개 이상의 손가락을 동시에 눌러 이미지를 축소·확대하거나 회전하는 기능까지 발전시켰다.

체험형 매장

2011년 문을 연 현대백화점 대구점에는 애플 매장이 7층 가전제품 코너가 아닌 지하 2층 영패션 전문관에 있다. 젊은이들로 붐비는 유명 영캐주얼 브랜드 '르샵' 매장과 붙어 있다. 신세계백화점도 전국 9곳 백화점 중 6곳에 애플 매장을 영패션층에 두고 있다. 강남점의 경우 애플 매장은 리바이스·게스 등 젊은 층이 편하게 입는 '이지easy 캐주얼' 층에 있다.

전자기기는 가전제품 코너에 있어야 한다는 우리의 고정관념을 보기 좋게 깨어버린 발상의 전환이다. 이것은 새로운 패션을 찾는 젊은 세대를 겨냥하면서 동시에 자사 제품이 문화와 유행을 선도한다는 선언이기도 하다. 이런 파격적인 매장 이동이 국내 백화점 업계에서 2년 이상 소리 소문 없이 진행돼 왔다. 영패션층으로의 매장 시프트는 장래에 충성도 높은 고객이 될 젊은 층을 고객으로 확보하는 데 성공했다. 현대백화점 목동점 분석에 따르면 애플 제품 구입 고객은 20~40대가 79%인 반면, 삼성전자와 LG전자 제품 구매 고객은 40~60대가 70.2%였다고 한다.

젊은층을 고객으로 확보하면 매출이 폭발적으로 는다는 것이 판매전략의 공식인데, 또 한편에서는 청년 백수니, 아픈 청춘이니 하면서 돈 없고 직업 없는 젊은이들을 위로한다는 소위 청춘 콘서트가 인기를 끌고 있다. 거의 동일한 지면에 실리는 이 상반적인 미디어 담론에 늘 혼란을 느끼지만 일단 그 사회학적 비판은 뒤로 미루기로 하자. 요컨대 스티브 잡스의 예민한 감각은 세상의 트렌드를 잘 간파했고, 그 트렌드는 젊은 감성이었다.

애플은 전 세계에 동일한 판매 전략을 적용하고 있고, 따라서 애플 매장의 방식도 본사의 지시에 따라 전 세계가 동일하다. 최근 애플은 신규 매장을 명품과 화장품이 있는 백화점의 로얄층인 1층에 배정해달라고까지 요구하고 있다고 한다.

세계의 소비자들을 열광시키며 승승장구하고 있는 애플의 경쟁력은 기기 자체에만 있는 것이 아니었다. 기기만 파는 것이 아니라 문화와 트렌드를 보급하겠다는 고도의 유통전략이 숨어 있었던 것이다. 애플은 몇 년 전부터 라이프스타일을 팔고 있는데, 국내 가전업체들은 아직도 모바일 제품을 냉장고·세탁기 등과 나란히 가전제품 매장에서 팔고 있다.

스티브 잡스 현상은 우리 한국인들에게 참으로 모순적인 감정을 불러 일으켰다. 엄청난 천재성에 대한 경외감과, 미혼모의 아이로 버려졌던 한 불행한 아이에 대한 연민, 그리고 IT 강국이 모래성처럼 무너져 버릴지도 모른다는 극심한 불안감이 그것이다. 애플 매장에 대한 기사를 컴퓨터에 입력한 후 나는 거실에 나와 한참 가만히 앉아 있었다. 국내 제품을 반드시 사줘야 하는 애국심의 시대는 지났다는 견해에 동조하기도 했고, 변칙적인 자녀 상속에 심한 반감을 갖기도 했다. 그러나 우리나라의 부를 벌어들이는 중요한 핵심 기업이 이렇게 시대에 뒤떨어지고 있었다는 사실에 너무나 가슴이 아파왔다. 깊은 아쉬움, 안타까움, 그리고 자기연민 같은 것이었다.

애플이 전 세계 전자기기 매장의 형식을 선도한 또 한가지 기법은 체험형 매장이다. 한국에는 아직 공식적인 애플 매장이 없지만 KT나 삼성 등이 이 방식을 벤치마킹하고 있다.

광화문 KT 사옥 1층의 **올레 스퀘어**에서는 사람들이 테이블에 놓인 스마트폰, 태블릿PC, 노트북으로 인터넷도 검색하고, 이메일도 보내는 등 직원들 눈치 보지 않고 최신 제품을 마음껏 만져보거나 사용해 본다. 한쪽의 커피숍에서 퍼지는 커피향이 은은하게 매장을 감싼다.

기존의 IT 매장에서는 카메라, 휴대폰, 노트북 등 주요 제품이 유리장 안에 진열돼 있다가, 보여달라고 말해야만 직원이 조심스럽게 꺼내준다. 고가의 기기를 함부로 만지다가 고장이라도 낼까 두려워 사람들은 마치 박물관의 전시 아이템을 감상하듯 경건하게 제품을 구경하는 것에 만족한다. 그러니 작정하고 물건을 사러 온 사람이 아니라면, 그냥 이리저리 만져보다가 욕심이 나서 기계를 구입하는 일은 절대 일어날 수 없는 일이다.

그러나 지금은 누구나 제품을 자유롭게 만져보고 사용해 볼 수 있는 '체험형 매장'이 새로운 트렌드다. 2010년 올레 스퀘어를 시작으로 삼성전자, SK텔레콤, LG유플러스 등 여러 기업이 체험형 매장을 열었다.

2010년 5월 올레 스퀘어 개장 당시 표현명 KT 사장은 "자유롭게 제품을 체험하고 싶어하는 소비자들의 욕구를 반영했다"고 설명했다. 직원들은 고객이 궁금한 점을 물어볼 때만 대답해 준다. 올레스퀘어는 현재 IT 마니아들의 명소가 됐다. 1년 반 만에 150만 명이 넘게 매장을

올레 스퀘어
올레스퀘어에 대한 각종
정보가 들어있는 홈페이지

방문했고, 하루 방문객은 3,000명이 넘는다. 2010년 한 해 동안 매출이 제품 판매와 초고속 인터넷, IPTV 같은 서비스 매출까지 합하여 총 130억 원에 달했다고 한다. 이미지 광고까지 고려하면 200억 원 이상의 경제 효과를 누렸다고 KT측은 설명한다.

삼성전자도 2011년 4월 서울 서초동 사옥 지하와 지상 1층에 체험형 매장 '딜라이트 샵' 을 열었다. 자사 제품만 전시하던 곳을 다양한 상품을 판매하는 공간으로 바꾸었다. "고객이 한 사리에서 다양한 제품을 체험해 보도록 편의를 고려했다"고 한다. 지하철역에서 곧장 연결되기 때문에 접근성이 좋고, 출입문을 없애 누구나 자유롭게 드나들 수 있다.

LG유플러스는 2011년 5월부터 전국 대리점을 체험형 매장으로 개편하고 있는 중이다. 4세대 이동통신LTE, 인터넷TV, 초고속인터넷 등 다양한 서비스를 도입하면 생활이 어떤 식으로 변하는지를 보여주는 가상의 가정까지 꾸며놓았다.

이처럼 전자기기 판매장의 신개념으로 등장한 체험형 매장은 2001년 미국 버지니아의 한 쇼핑몰에 들어섰던 애플스토어 1호점이 그 원조다. 소비자로 하여금 제품과 브랜드를 온 몸으로 느낄 수 있게 하는 것이 기업의 강력한 홍보 수단이 되고 동시에 매출도 폭발적으로 늘어난다는 것이 곧 입증되었다. 애플 성공의 배경에는 미국, 영국, 캐나다, 중국, 일본 등 11개국에 320여 개가 있는 이와 같은 애플스토어의 공이 크다. 2010년 미국의 애플스토어는 117억 달러(약 13조 5천억 원)의 매출을 올려, 전체 판매량의 15%를 직접 소비자에게 팔았다.

애플스토어의 특징은 제품 판매에 연연하지 않는다는 것이다. 아니 연연하지 않는 것처럼 보이는 고 단수의 판매 전략이다. 스티브 잡스는 2001년 미국에서 첫 애플스토어를 낼 때 '애플스토어는 고객에게 물건을 파는 곳이 아니다' 라는 운영 원칙을 강조하면서, "고객들은 어떤 PC를 구매해야 하는지 보다는 PC를 어떻게 써야 하는지를 알고 싶어한다"고 말했다. CEO의 이런 말이 널리 사람들의 입에 오르내리게 만든 홍보 전략, 그리고 실제로 매장에서 그것이 느껴지도록 한 경영 방식에서 애플은 이미 세계를 제패한 기업이다. 애플스토어를 방문하면 판매원들이 손님을 친구처럼 따뜻하게 대해준다는 느낌을 받는다고 한다. 하기는 기기가 손상될까봐 손님의 손에서 얼른 기기를 빼앗아 유리 장에 넣는 한국 백화점에서 소비자는 자신이 따뜻한 대접을 받고 있다는 생각을 꿈에도 할 수 없을 것이다.

앱스토어

누구나 애플을 찬양하고, 애플의 장점이 무엇인지, 다른 회사와 애플은 어떻게 다른지 연구하고 있다. 애플의 방식이 모든 마케팅 혹은 기업 경영의 대안으로 떠오르고 있는 것이다. 애플을 가장 애플답게 만든 것은 아마도 앱스토어라는 응용프로그램application 플랫폼일 것이다.

애플은 일종의 모바일 장터인 앱스토어를 열고, 관심있는 사람은 누구나 응용 프로그램을 만들어 일련의 검증과정을 거친 후 거기서 판매할 수 있게 해주었다. 그리고 애플리케이션을 제작할 수 있는 툴tool과 소스도 동시에 공개했다. 소위 플랫폼을 마련한 것이다. 기차가 끊임없이 도착하여 사람들을 내려주고 태워주는 승강대를 플랫폼이라고 한다. 예컨대 월마트는 텅 빈 넓은 사각형의 장소만 갖고 있는 기업이다. 기차처럼 들어와 그 장소를 가득 채웠다가 소비자들에게 선택되어 다시 나가는 상품들은 모두 다른 업체의 제품들이다. 그러나 요즘에 말하는 플랫폼은 이런 가시적 세계의 승강대가 아니라, 오프라인에는 없고 모바일과 웹에만 존재하는 비가시적 승강대이다.

애플의 앱스토어가 바로 이런 플랫폼이다. 구글, 네이버, 페이스북과 트위터 등도 플랫폼이다. 플랫폼은 소비자와 생산자를 한 중간에서 매칭시켜주는 역할을 한다. 일종의 중계역할을 하는 셈이다. 가까운 미래의 모바일 환경에서는 이런 플랫폼이 시장을 주도하게 될 것이다.

앱스토어에는 전 세계의 다양한 개인, 기업이 만든 100만 개가 넘는 응용프로그램이 자유롭게 판매되고 있다. 개발자와 애플의 수익 비율은 7:3이다. 애플이 앱스토어로 크게 성공한 것은 제작 툴을 공개하여 누구나 자유롭게 앱을 만들 수 있도록 한 점도 있지만, 동시에 수익 비율을 개발자에게 유리하게 정함으로써 많은 개발자를 끌어 들였기 때문이다.

앱스토어를 통해 애플은 자신들이 일일이 프로그램을 개발하지 않아도 되고, 개발자들은 저렴한 비용으로 시장에 뛰어들어 상당한 수익을 올릴 수 있었으며, 사용자들은 저렴한 가격에 재미있고 유용한 프로그램들을 무궁무진하게 사용할 수 있게 되었다. 하드웨어 메이커와 소프트웨어 개발자와 사용자가 모두 만족하고 행복감을 느끼는 윈-윈 전략인 것이다. 휴대전화를 플랫폼으로 삼아 거기에 모바일 장터를 접목시킬 것을 누가 감히 생각했겠는가? 그것이 바로 아이폰 쇼크였다.

사실 플랫폼을 가진 기업은 경영의 세계에서 지배자다. 강력한 통제력과 상의하달식 의사 결정에 기반한 플랫폼 개념은 '임대주와 세입자' 모델을 따른 것이다. 예컨대 애플은 전 세계에 수많은 고객층을 보유한 아이폰과 아이팟, 아이패드라는 시장을 갖고 있다. 일종의 희소 자원이라 할 수 있다. 이 우월적인 지위를 이용해 애플은 '세입자'(앱 개발자)를 모집한다. 그리고 앱스토어에 참여한 개발자들에게 엄격한 규칙을 부과함으로써 그들을 통제한다. 반드시 자사의 플랫폼과 프로그램을 사용해야 한다거나 공격적인 언어를 사용해서는 안된다는 식의 규칙이 그것이다. 이를 어기면 앱스토어 추방과 같은 강력한 통제를 가한다.

그러나 이처럼 권위적인 '임대주와 세입자' 모델을 소프트하게 만들어준 것이 개발자들에 대한 적절한 보상이다. 규칙은 엄격하지만 개발자는 이를 지키기만 하면 판매 수익의 70% 이상을 나눠 갖게 된다. 앱스토어가 오픈한 뒤 다운로드 순위 10위 안에 든 앱 판매자들이 한 달 동안 올린 수입은 총 9백만 달러라고 한다.

앱스토어는 완전히 새로운 기업 모델로 떠올랐다. 아이폰 앱스토어와 안드로이드 마켓에 등록된 애플리케이션은 2011년 11월 현재 110만 개에 이른다. 3~4년이라는 짧은 기간 동안 PC 역사 20년 동안의 소프트웨어보다 더 많은 프로그램이 개발된 것이다. 예를 들어 '서울 버스' 앱은 내가 서 있는 정류장에 도착할 버스가 지금 어디쯤 있는지 알려주고, '아이니드커피' 앱을 열고 거리의 건물을 비추면 그 건물에 어떤 커피숍이 있는지를 알려준다.

애플리케이션 다운받기

서울 버스_안드로이드용

서울 버스_아이폰용

아이니드커피_아이폰용

생태계

앱스토어가 없었다면 스티브 잡스의 아이폰이 그토록 성공을 거두지 못했을 것이다. 아이폰 쇼크 이후 앱스토어는 혁신적인 기업 모델이 되었다. 그런데 그 핵심은 바로 생태계 개념이다. 원래 생물학적 개념이었던 '생태계'가 오늘날에는 기업과 경영의 새로운 트렌드로 떠오르고 있다. 기업 생태계business ecosystem라는 단어는 『경쟁의 종말The Death of Competition』의 저자 제임스 무어James Moore가 1993년 하버드 비즈니스 리뷰에 기고한 논문에서 처음으로 쓴 말이다. 이 논문이 맥킨지 최우수 논문상을 받으면서 생태계 개념은 생물학의 경계를 넘어 기업 경영의 개념이 되었으며 이어서 다른 분야로 널리 확산되었다.

무어는 '조직이나 개인들이 상호작용하고 있는 경제공동체'가 바로 기업 생태계라고 정의했다. 생산자만이 아니라 소비자를 생태계 속 생명환生命環, circle of life의 한 고리로 인정하여 경제 공동체의 구성원으로 끌어들인 것이 참신한 발상이다.

원래 자연 생태계는 먹이사슬로 이루어진 약육강식의 세계다. 이 생명의 순환을 구성하는 생물 공동체를 생태학에서는 군집群集, community이라고 한다. 그러나 약육강식의 개념만 가지고는 모든 약한 종種들이 강자에게 먹히지 않고 살아남은 자연의 역사를 설명할 수 없다. 생태계 속의 동식물들이 대를 이어 살아남을 수 있었던 놀라운 생존 비밀은 협업을 통한 상생이다. 코요테가 들쥐 사냥을 위해 오소리와 연합전선을 편다거나 악어와 악어새가 공생한다거나 하는 것이 바로 이런 공생의 지혜다.

경영 생태계는 핵심을 이루는 플랫폼과 이 플랫폼을 활용해 다양한 제품을 개발하는 참여자, 그리고 소비자로 구성된다. 그러나 생태학자 최재천은, 생태계에는 생물들의 군집만 있는 것이 아니라 그들의 생명 유지를 위한 물질과 에너지 등의 물리적 환경도 들어 있다고 말한다. 이런 물리적 환경이 없으면 생물체가 생명을 유지할 수 없는데, 경영 생태학에서는 군집의 자율성만을 강조하고 있다고 비판한다. 공정한 물리적 환경을 위해서는 국가가 어느 정도 개입해야 한다는 것이다. 좀 더 많은 숙고와 논의를 요구하는 문제이다.

생태 개념의 윤리적-실용적 측면

생태계 참여자들이 가장 경계해야 할 것은 관성으로 인한 경직성이다. 생태계에 참여한 기업들은 상호 모방을 통해 비슷한 수준이 되고 평화로운 균형을 이룬다. 이것이 견고한 장벽이 되어 신참자의 진입을 막게 된다. 하지만 견고한 성 안에 안주하는 순간 환경 변화에 대한 대응이 늦어져 결국 몰락하게 된다.

노키아의 경우가 그것이다. 노키아의 '심비안'은 과거 모바일 운영체제 시장에서 60%의 점유율을 보유하고 있었지만 스마트폰 열풍에 신속하게 대응하지 못해 결국 구글과 애플에 밀리고 말았다. 뒤늦게 자신의 운영체제를 버리고 MS의 '윈도우폰7'을 채택했지만 이미 쇠락의 길에 접어들었다. 우리나라 기업이 뒤진 것도 이 생태계 마인드에서였다. 자신들이 가진 것을 철옹성처럼 지키고 남들에게는 최소한의 것만을 개방하려는 마인드로는 더 이상 승산이 없다.

앞으로의 세상에서는 독식이 허용되지 않는다. 생태계적 마인드는 굳이 정신적이고 윤리적인 가치만은 아니다. 그것은 오히려 고차원적으로 이기적이고, 매우 실용적인 개념이다. 하청업체가 잘 돼야 자사 제품의 품질을 향상시킬 수 있고, 사람들이 모두 잘 살아야 제품을 소비해줄 시장이 커지기 때문이다. 심리적으로도 주변에 못 사는 사람들을 두고 자신만 잘 살아서는 도저히 행복감을 느낄 수 없는 세상이 되었다. 글로벌한 전자 정보 체제로 모든 것이 유리처럼 투명하게 되었기 때문이다.

애플은 애플도 이익이고, 참여자도 이익이고, 심지어 사용자들까지도 이익인 그런 모델을 개발했다. 적자생존과 약육강식의 정글이 아니라 그 안에 있으면 모두가 존중 받고 관심 받는다는 것을 느끼게 되는, 그런 생태계를 만든 것이다.

모바일

아이폰
인터넷
휴대폰의 경이
내 손 안의 자아

아이폰

친구 남편과의 불륜을 다룬 김수현의 인기 드라마에서 도도한 도시적 감성의 전문직 여성인 김희애가 마치 라이터 불을 켜듯 휴대폰 폴더를 찰칵 열어젖히는 모습은 트렌디하면서도 당당한 여주인공의 자신감을 보여주기 위한 장치였다. 불과 몇 년 전인데 그 장면을 생각하면 석기 시대라도 돌아간 듯한 느낌이다. 그 전의 휴대폰은 액정 화면과 숫자 버튼이 가득 들어차 투박하기가 벽돌 같았다. 고작 진화한 것이 뚜껑과 본체로 분리되는 폴더형이거나 아니면 슬라이드 형이었다.

그러나 아이폰은 놀랍게도 이음새가 전혀 없는 매끈한 검정 화면이 전부다. 숫자나 버튼도 전혀 보이지 않고, 텅 빈 화면을 방해하지 않겠다는 듯 전원 버튼마저 우측 상단, 외부와의 가느다란 경계선 위에 자리 잡고 있다. 전원 버튼을 누르면 초기 화면이 나오고 아래 부분에 전자 깜박임이 화살표 방향으로 움직인다. 직관적으로 사람들은 화살표 방향으로 밀어 보게 된다. 그러면 잠금 장치가 해제되고, 해바라기, 카메라, TV수상기, 계산기, 시계, 톱니바퀴, 전화수화기, 편지봉투, 만화의 말풍선 같은 조그만 아이콘들이 다채로운 색깔로 앙증맞게 가지런히 정렬되어 나온다.

초록 바탕 흰 수화기 모양의 아이콘을 누르면 전화를 할 수 있고, 역시 초록 바탕 흰 말풍선 모양의 아이콘을 누르면 문자 메시지를 확인할 수 있으며, 푸른 바탕 흰 편지봉투 아이콘을 누르면 메일을 체크할 수 있다. 카메라 렌즈 모양을 누르면 휴대폰이 즉각 카메라로 변해 사진을 찍을 수 있고, 갈색 테두리의 TV수상기를 누르면 유튜브 YouTube를 보고 들을 수 있으며, 초콜릿색과 오렌지색의 계산기를 누르면 휴대폰이 즉각 전자계산기로 변한다.

그뿐만이 아니다. 대문자 A 모양의 아이콘을 누르면 애플리케이션 application 장터가 열려 거기서 세상의 모든 프로그램을 내려 받을 수 있다. 어떤 것은 무료고, 어떤 것은 돈을 내고 사야 한다. 이 모든 것이 손끝으로 살짝 누르거나 스치는 미세한 움직임으로 모두 해결된다. 자기 취향에 따라 게임을 내려 받을 수도 있고, 셰익스피어의 연극을 읽을 수도 있으며, 그림 형제의 동화, 또는 『이상한 나라의 앨리스』를 손가락으로 페이지를 넘기며 볼 수도 있고, 중국어를 배울 수도 있다.

인터넷

거실의 스크린인 TV 모니터는 그 원래의 모델인 영화 스크린에 열등감이라도 있다는 듯 경쟁적으로 크기를 확장하는 중이었다. 잘 나가는 전자 업체들은 좀 더 선명하고 좀 더 큰 화면을 자랑하고 있는 중이었다. 그런데 갑자기 손 안에 쏙 들어오는 작은 화면의 휴대폰이 모든 크기를 무색하게 만들며 우리의 가치체계를 아예 뿌리서 부터 뒤흔들었다. 그것이 아이폰이었다.

우리의 의식은 우리 눈에 보이는 대상에 따라 변한다. 야트막한 기와집이나 초가집만을 보고 살았던 조선시대 사람들과 고층 입방체의 아파트만 보고 사는 현대 한국인들의 의식이 같을 수 없다. 연극이나 오페라처럼 무대 위에서 사람들이 직접 연기하던 전통 사회를 지나 처음으로 우리의 지각에 충격을 가했던 사건은 영화의 출현이었다.

대형 영화 스크린이 아담한 크기로 축소되어 거실에 들어온 듯한 TV는 다시 한 번 우리의 지각을 강타했다. 굳이 번거롭게 영화관에 가지 않아도 저녁 먹고 식탁에서 일어나 몇 걸음만 이동하면 사람들은 소파에 앉아 편안히 엔터테인먼트를 즐길 수 있었다. 사회생활은 줄고, 사람들은 좀 더 가족 중심적이 되어 집에 틀어박히지만, 역설적이게도 가족과의 대화는 전과 비교할 수 없이 줄어들었다.

컴퓨터와 인터넷의 발달은 더욱 큰 충격이어서 사람들은 석기 시대에서 철기 시대로의 이행과 맞먹는 것이라고들 이야기했다. e메일로 원고 청탁을 받고, 컴퓨터에서 원고를 작성하여, 역시 e메일로 전송하고, 은행 계좌 번호 알려주어 원고료를 입금시키면 사람을 만날 필요도, 문 밖에 한 걸음 나갈 필요도 없이 모든 일이 해결된다. 옷이 필요하면 전자 장터에서 옷 사진을 보아가며 주문하면 되고, 프린터 잉크가 떨어지면 해당 사이트에 들어가 제품 번호 맞추어 주문하면 하루 만에 배달된다. 책을 사는 일, 공과금 내는 일이 모두 컴퓨터 앞에서 이루어진다. 모든 것이 전산화되어 은행은 나의 저축이나 재테크 상황을 손금 보듯 들여다보고 있고, 업체들은 내가 로그인할 때 쿠키에 저장된 정보를 통해 나의 성향까지 훤히 파악하고 있다.

휴대폰의 경이

전화가 발명된 것은 1876년 알렉산더 벨Alexander Graham Bell에 의해서였다. 벨이 조수인 토마스 왓슨에게 "왓슨, 이리 좀 와 보게"라고 말한 것이 인류 최초의 전화 통화이다. 그 후 97년 만에 휴대폰이 만들

최초의 전화기와 휴대폰

이것은 Apple이 아니다 | **69**

어졌다. 1973년 4월 3일 뉴욕 6번가에 나타난 한 남자가 벽돌만한 직육면체 덩어리에 대고 "조엘, 나 지금 자네에게 진짜 셀룰러 폰으로 전화를 걸고 있어, 손에 들고 다니는 휴대폰 말일세!"라고 한 것이 세계 최초의 휴대폰 통화다. 모토로라 연구소의 마틴 쿠퍼 이사와 벨 연구소의 휴대폰 연구책임자 조엘 엥겔과의 대화였다. 당시 휴대폰은 버튼을 눌러 전화를 걸고 받는 두 가지 기능밖에 없었다. 크기는 벽돌만 하고 무게는 1kg가 넘었으며 충전에 10시간, 통화는 고작 20분밖에 할 수 없었다. 드디어 2007년 애플의 아이폰 출시로 우리의 지각은 다시 한 번 경천동지의 변화를 겪고 있다.

1981년 음성통화로 시작한 이동통신은 문자전송이나 이미지 전송 등 다양한 형태의 멀티미디어 서비스로 진화를 거듭했다. 음성통화만 가능했던 아날로그 방식이 1세대이고, 아날로그에서 디지털 방식으로 바뀌어 문자 전송이 가능해진 것이 2세대이다. 여기에 WCDMA 등의 기술을 이용하여 영상 통화 같은 대용량의 멀티미디어 데이터를 전송할 수 있게 한 것이 현재 우리가 사용하고 있는 3G 기술이다. 지금은 1~2분 만에 영화 한 편을 내려받는 '4G(4세대)'로 발전했다. 4세대 이동통신은 정지 상태에서 초당 1기가비트Gbps 이상의 데이터 속도를 제공하는 고속의 통신서비스다.

사람들은 휴대폰으로 문자 메시지를 교환하고, 이메일을 확인하며, 사진을 주고받고, 유튜브의 동영상을 감상하며, 영화표를 구매하기도 하고, 독서도 하고, 게임도 하고, 길을 찾기도 하고, 뉴스 검색도 하며, 쿠폰을 내려 받기도 한다. 전에 컴퓨터로 하던 것을 고스란히 휴대전화에서 할 수 있게 되었다. 컴퓨터에서는 전원을 키고, 부팅하고, 검색 사이트에 들어가 내가 원하는 사이트를 다시 찾는 번거로움이 있었다면, 휴대폰에서는 앱을 통해 해당 프로그램으로 단숨에 들어 갈수 있어서 더욱 편리해졌을 뿐이다. "지난 번 올림픽 개최했던 나라가 어디

이동통신의 진화
이동통신 기술의 진화를
보여주는 SKT 블로그의
포스팅.

지?"라든가 "친척 관계에서 당숙堂叔이 뭐지?"라고 누군가 물으면 좌중의 누군가가 스마트폰을 꺼내들고 즉석에서 검색해 준다. 스마트폰은 세상의 모든 것을 순식간에 알려주는 전지전능의 신이 되었다.

애플의 아이폰4S는 음성인식 기술인 시리SIRI를 장착하고 있어서, 단순히 음성을 인식할 뿐만 아니라 사용자가 음성으로 아이폰에 지시하거나 질문하면 이를 알아듣고 동작을 수행하거나 답변까지 해준다. '미국의 초대 대통령은 누구?'라고 물으면 '조지 워싱턴'이라고 대답하고, 토요일 몇 시에 어느 레스토랑에 예약해 달라고 하면 즉각 예약한 후 결과를 알려준다. 영어, 프랑스어, 독일어로만 서비스를 시작했고, 2012년에는 한국어, 일본어, 이탈리아어, 스페인어 등으로 확대된다고 한다. 휴대폰을 사용하여 정보를 얻기만 하는 것이 아니라 완전히 휴대폰과 대화하고, 휴대폰을 로봇처럼 부릴 수 있게 된 것이다. 놀라운 세상이다. 한국인들의 마음을 착잡하게 만드는 것은 한국이 아직 이 기술을 갖고 있지 못하고 있다는 사실이다.

트위터나 페이스북 같은 소셜네트워킹도 스마트폰으로 할 수 있다. 2004년 1월에 출범한 페이스북의 전 세계 가입자 수는 2012년 1월 현재 8억 4천5백만 명이다. 한국의 트위터 가입자 수는 480만 명으로, 인구의 거의 10분의 1이 트위터를 하는 셈이다. 작가 이외수의 트위터 팔로워 수는 99만 7천3백43명이다. 그야말로 새로운 권력이다.

전 세계적으로 매일 2억 3천여 개씩 올라오는 트위터 등 SNS의 메시지는 사회학자, 언어학자, 행동과학자 등에게는 아주 유용한 데이터다. 학자들은 제한된 실험군이나 현장의 설문조사 요원들에게 의존해야 했던 종전의 방식에 비해 트위터를 활용한 연구가 훨씬 효율적이고 정확하다고 말한다. 예컨대 20~30대 고소득 미혼 여성의 라이프스타일을 논문으로 쓰려 하는 사회학 전공의 대학원 학생이 있다고 하자. 전 같으면 아름아름 아는 사람을 통해 골드 미스들을 소개 받고 한

참 이야기하고 그것을 수합해 논문을 썼을 것이다. 시간도 노력도 많이 들고, 조사 대상의 수도 한정되어 있었다. 그러나 지금은 사방에 널려 있는 페이스북, 트위터의 네트워크로 들어가 그들이 자발적으로 열성적으로 올린 일상생활의 모습을 그대로 가져오기만 하면 된다. 언어학자 벤지머는 방대한 트위터 메시지를 분석하는 새로운 연구 방식을 트위터롤로지Twitterology라고 벌써 명명했다. 노자의 『도덕경道德經』에는 '문 밖을 나가지 않아도 천하를 안다' 不出戶知天下불출호지천하라는 말이 있는데, 트위터와 페이스북이 바로 그 도구인 것 같다.

현실 속의 사물과 가상 현실의 정보를 결합한 '증강현실' augmented reality도 놀라운 기능이다. 어떤 건물의 역사를 알고 싶을 때 그 건물을 스마트폰 카메라로 비추기만 하면 거기에 그 건물에 대한 인터넷 정보가 고스란히 함께 뜨는 식이다. 음성 통화가 점차 문자 메시지로 전환되는 것도 스마트폰의 특이한 현상이다. 모든 의사소통이 이메일과 문자로 이뤄지는 요즘 전화벨이 울리면 '뭔가 잘못 됐나? 라고 겁이 덜컥 난다는 사람도 있다. 미국 청소년의 43%는 통화가 아닌 문자 메시지를 위해 휴대폰을 구입한다고 한다. **카카오톡** 같은 스마트폰 애플리케이션이 '통화의 강자' 로 떠오른 것도 문자 메시지 경향 때문이다. 카카오톡으로 오가는 문자 메시지는 하루 5억 건으로, 3대 이동통신사 하루의 문자 메시지를 합한 것보다 많다고 한다. 앞으로 음성 통화는 가까운 사람들 사이에 국한되고 나머지 커뮤니케이션은 문자로 대체될 가능성이 높다.

동시에 수십 수백 명에게 문자를 보낼 수 있는 스마트폰 시대인데, 한 편에서는 문자에 답장을 안 하는 '문자 씹기' 가 새로운 무례의 항목으로 떠오른다. 초등학생 딸에게 문자 폭탄을 날린 친구를 학교로 찾아가 폭행한 아버지의 기사에서 처음으로 들었던 용어다. 참으로 무서운 기사였다. 스마트폰의 무서움, 아니 첨단 정보 테크놀로지의 폐해를 보여주는 상징적인 사건이었다.

내 손 안의 자아

말 그대로 우리는 모바일mobile(유동적)의 세계에 살고 있다. 돌잡이 어린아이들도 휴대폰을 주면 울음을 그친다. 슬라보예 지젝Slavoj Zizek 은 헤겔의 '정신은 뼈다' 라는 명제를 분석하면서 '자아는 내가 손 안에 들고 있는 작은 철판 조각이다' 라는 은유적 표현을 썼는데, 그 말은 어쩌면 요즘의 휴대폰 열풍과 그렇게 정확히 맞아 떨어지는지! iPod, iPad, iPhone, iWork 등의 i 시리즈를 좋아하여, 그가 죽은 나음에 iSad라는 조어까지 나오게 했던 스티브 잡스는 IT의 i를 그야말로 '나' 라는 의미의 I로 바꿔 놓았다.

그리하여 휴대폰을 집안에 놓고 나온 날이면 전전긍긍하고, 업데이트를 하다가 에러가 나 휴대폰이 먹통이 되면 마치 신체 기능의 일부가 중지되기라도 한듯 낙심하고 당황하는 것이 어느 새 우리의 모습이다. 스마트폰은 단순한 디지털 기기가 아니라 우리의 오감五感을 넘어선 제6의 감각기관, 그야말로 sixth sense가 되었다. 우리는 마치 외장하드처럼 우리의 자아를 손바닥 안의 작은 철판 조각인 스마트폰에 옮겨놓은 채 살고 있는 것은 아닌지 모르겠다.

거대한 덩어리로 방의 한 구석을 차지하고 있던 컴퓨터의 기능이 손 안의 작은 물건에 압축되어 들어와 있다는 신기함에 놀랐던 것이 불과 1~2년 전인데, 이제는 그 신기함마저 아득한 옛날처럼 느껴진다. 시대의 빠른 변화 앞에서는 경험적 시간의 흐름마저 한없이 휘고 접혀진다. 우리는 이미 아인슈타인의 상대성 이론의 세계 혹은 4차원의 세계 안에 살고 있는 것이 아닐까? 우리가 이제 막 진입한 이 세계 안에서 컴퓨터와 모바일 기술을 결합한 신기한 기기는 우리의 의식을 뿌리부터 뒤흔들고, 우리의 라이프스타일을 예측할 수 없는 방향으로 뒤바꿔 놓을 것 같은 예감이 든다.

"Design is not just what it looks like and feels like.
Design is how it works."

"It's more fun to be a pirate than to join the navy."

"To turn really interesting ideas and fledgling technologies into a company
that can continue to innovate for years, it requires a lot of disciplines."

"You can't just ask customers what they want and then try to give that to them.
By the time you get it built, they'll want something new."

"And one more thing..."

"I want to put a ding in the universe."

"Innovation distinguishes between a leader and a follower."

"I would trade all of my technology for an afternoon with Socrates."

"I'm as proud of what we don't do as I am of what we do."

iSad
Steve Jobs 1955 - 2011

❙ iPod, iPhone, iPad 등 스티브 잡스에게서는 모든것이 i시리즈로 나간다.
그래서 그의 사망을 애도하며 사람들은 i시리즈를 패러디 하여 iSad라고 말했다.

노마드

노마드

새로운 노마드의 역사

2009년 아이폰이 상륙한지 불과 2년 만에 한국의 스마트폰 사용자는 2천만 명을 넘어섰다. 2011년 한 해 동안 삼성전자의 휴대전화 판매량은 1억대다. 1988년 휴대전화 첫 생산 이래 누적 판매량은 16억 대라고 한다. 본격적인 모바일 시대가 도래했다. 제3의 산업혁명이라고 말하는 사람도 있다. 전세계 SNSSocial Network Service 이용자 수는 2007년 3억 7천만 명이던 것이 2011년에는 9억 400만 명이 넘었다.

하루 종일 강박적으로 스마트폰을 들여다보는 것은 중독 증세라느니, 스마트폰을 너무 오래 사용하면 손목에 터널 증후군이 나타난다느니 하는 기사도 나오고 있다. 온 국민의 거의 절반이 네트워크 세상의 일원이 되어 하루 24시간 on 되어 있는 셈이다. 그들의 라이프스타일이 과거와 전혀 다르게 될 것이라는 것은 너무나 분명한 일이다.

그 중의 한 가지가 노마드적 생활방식이다. 먼 옛날 인류는 유목민에서 출발하여 마침내 오늘날 우리가 살고 있는 모습의 정주민이 되었는데, 최근 모바일 기술의 발달로 이동성이 증대되면서 인류는 다시 유목민으로 돌아가고 있는 듯하다. 새로운 노마디즘을 주도하는 것은

페이스북 이용자는 8억 4천5백만 명이고, 매일 페이스북을 쓰는 열성적인 이용자는 4억 8천3백만 명이다. 매일 2억 5천만개의 사진이 페이스북을 통해 올라오며, 이용자들이 서로 맺은 친구관계는 1천억 건에 달한다. 이렇게 만들어진 페이스북의 데이터양은 무려 100페타바이트(FB)에 달한다. 1페타바이트(FB)는 약 100만 기가바이트(GB)이다.

역시 휴대폰이다. 서구의 젊은이들은 "모바일 해야 돼!"It should be mobile라는 말을 즐겨 쓰는데, '이동성이 있다' 라는 뜻의 모바일과 '휴대폰' 이라는 뜻의 모바일이 중첩되어 노마드 시대를 절묘하게 은유하고 있어 흥미롭다.

노마드와 세계화

흔히 인류가 어딘가에 정착하여 농사를 짓기 시작했을 때부터 인류 문명이 시작되었다고 생각한다. 그러나 프랑스의 사회학자 자크 아탈리Jacques Atali는 이것이 잘못된 생각이라고 말한다. 우리가 역사라고 생각하는 것이 실은 권력과 권위를 독점함으로써 세계를 지배한 정주민들의 자기 변명, 자기기만이라는 것이다. 1997년에 출간된 『노마드적 인간』(한국어 제목은 '호모 노마드')에서 그는 인류의 기원이 유목민이며, 인류 역사 6백만년 중 정주민의 역사는 겨우 0.1% 밖에 안된다고 말한다.

인류 역사에서 불, 사냥, 목축, 언어, 문자, 도구, 기술, 종교, 시장 등 중요한 것은 다 유목민들이 만들거나 발견한 것들이다. 민주주의까지도 유목민의 발명품이다. 반면 정주민들이 만들어낸 것은 국가, 세금, 감옥, 저축, 총, 대포 등이다. 이롭고 재미있고 지성적인 것들은 유목민의 발명품이고, 어쩐지 부담스럽고 억압적이고 멀리 피하고 싶은 것들은 모두 정주민의 발명품이다.

물론 아탈리는 '노마드' 라는 말로 몽골이나 스키타이 혹은 게르만 같은 특정의 부족을 지칭하지는 않는다. 넓은 의미에서 여행을 내적 특성으로 갖고 있고, 정주민 사회의 룰에서 벗어나 유목적 윤리와 문화를 따르는 '주변적 인간' 을 노마드라고 지칭한 것이다. 이러한 유목민의 정의에서 결국 현대의 모든 젊은이를 지칭하는 디지털 노마드의 개념이 나오게 된다.

어디에 정착하지 않고 떠돌아다닌다는 것은 국가라는 견고한 틀을 뛰어 넘는 것이므로 노마디즘은 결국 세계화를 의미하기도 한다. 노마드적 특성을 가진 젊은이들이 세계화를 반대한다는 것은 그런 점에서 아이러니다. 인류는 '세계화' 혹은 '상업적 노마디즘'에 의해 문명을 극적으로 발전시켰다.

최초의 세계화는 18세기에 유럽 대륙을 자유롭게 여행하면서 유럽의 문화적 정체성을 확립했던 제노바, 네덜란드, 영국 출신의 상인, 지식인, 예술가들에 의해 실현되었다. 그러나 이 첫번째 세계화는 자유 여행이 사회를 혼란스럽고 무질서하게 만든다고 생각한 지배계층에 의해 중단되었다. 첫번째 세계화의 좌절로 무수한 유럽인들이 아메리카 대륙으로 이주했다. 미국이라는 새로운 나라가 탄생한 계기였다.

두번째 세계화는 19세기 초 산업혁명에 의해 시작되었는데, 그것은 1세기만에 미국의 대공황과 독일의 나치 전체주의에 의해 역시 막을 내리고 말았다.

아탈리에 의하면 현대는 20세기 말에 시작되어 지금도 진행 중인 제3의 세계화 시대이다. 오늘날 국적은 무의미해졌고, 국가의 경계는 불분명해졌다. 한 기업 안에 각국의 노동자들이 모였다가 흩어지는 모습은 마치 순회 서커스단과 같고, 국가는 유목민들이 잠시 머무는 오아시스에 불과하다. 용산 국제업무지구 건축가 중 하나로 선정된 덴마크의 비야케 잉겔스Bjarke Ingels는 자신이 독일에서 태어나 미국에서 자랐고 지금은 덴마크에서 산다고 말했다. 직원 100명의 평균 연령은 30대 초반이고 국적은 20여 개국이라고 했다. 이들의 젊은 나이와 다양한 국적에서 창의적인 작품이 나온다고 그는 말했다. 노마디즘이 곧 창의성이라는 암묵의 주장인 것이다.

미국의 유수 기업에서 일하는 한국 젊은이들, 또는 한국 기업에서 일하는 서양의 젊은이들, 이것이 바로 세계화이고, 이것이 현대적 노마디즘이다. 일본에서 활약하는 보아Boa라든가 국제적 명성의 화가혹은 스포츠 선수들은 이미 거주지가 한국으로만 한정되어 있지 않다. 외국서 일하는 한국 젊은이들이나 한국에서 일하는 외국 젊은이들의 숫자가 상대적으로 적은 것은 우리의 세계화가 아직 미흡함을 말해 주는 것이다.

이 제3의 세계회 시대에 인류는 세 유형으로 분류된다. 우신 상층에는 아주 소수의 '하이퍼 노마드' hyper nomads가 있다. 이들은 창조적 직업에 종사하며, 돈을 많이 벌고, 많은 정보를 소유하고 있다. 고급 연구원, 음악가, 화가, 배우, 스포츠스타 등이 그들이다. 유희적 노마드라고도 부른다. 한마디로 콘텐츠를 생산해 내는 계층이다. 사회에서 차지하는 위상이나 영향력의 측면에서, 또는 국가경쟁력을 높여준다는 측면에서 유희적 노마드의 역할은 절대적이다.

두번째는 '정주민들' 이다. 이들의 직업은 농민, 상인, 공무원, 선생, 판·검사, 변호사, 의사 등이다. 전통 사회에서 가장 안정적이고 상승적인 부르주아 계급이었지만 노마드 시대에는 사회의 발전에서 한 걸음 뒤떨어진, 침체沈滯된 계급이 될 것이다.

마지막으로 제일 아래 계층인 다수의 '인프라 노마드' infra nomads가 있다. 노마드적 새로운 세계 질서 안에는 당연히 승자와 패자가 있게 마련인데, 많은 요인에 의해 루저가 승자보다 훨씬 더 많아질 것이다. 누구나 품위 있게 살기를 원하지만, 그럴 기회가 거부되면 생계형노마드로 떨어지지 않을 수 없다. 노숙자나 이주 노동자들이 그들이다. 그들은 유희적인 노마드가 아니라 살아남기 위해 어쩔 수 없이 자리를 이동하며 떠돌아다니는 난민들이다. 부유한 계급은 여유로운 삶을 즐기기 위해, 혹은 좀 더 생산적인 지위를 선점하기 위해 온갖 종류의 디지털 '유목' 물품으로 무장하고 유목의 길에 나서지만, 가난한 사람은 '살아남기 위해' 이동한다. 결국 현대 사회에서 모든 사람은 다 얼마간 유목민이다.

2003년 국제 이민기구의 보고서에 의하면 전 세계 이주자는 1억 7천5백만 명으로 35년 전에 비해 두 배가 늘었다. 가장 최근의 통계로는 인구의 3%가 넘는 15만 명 이상이 이민을 떠난 아일랜드의 경우가 두드러진다. 인구 4백60만 명으로 1990년대부터 2007년까지 연평균 7%씩 성장하는 강소국이었던 아일랜드는 2008년 글로벌 금융위기로 정부가 파산 지경에 이르자 주로 젊은이들이 이민 길에 나섰다. 19세기 중반 감자 기근으로 100만 명 이상이 해외로 이주했던 상황과 비슷하다는 이야기가 나오고 있다.

산업화 시대에는 공장에 취업하기 위해 농촌 사람들이 도시로 몰려왔는데, 지금은 나라에서 나라로 옮겨 다닌다. '대도시는 지구 곳곳의 노마드 형제들을 끌어들이는 자석'이라는 아탈리의 말처럼 전 세계의 대도시들로 가난한 인근 국가들의 유목민들이 몰려든다. 60~70년대에는 가정부로 일하기 위해 농촌 처녀들이 대량으로 서울에 올라 왔는데 지금은 중국의 조선족들이 일자리를 찾아 대량으로 한국에 건너오고 있다. 홍콩이나 싱가포르에 취업한 필리핀이나 중국의 가정부들은 거대한 커뮤니티를 형성하여 일요일이면 도로의 한 부분을 완전히 차지하는 진풍경을 연출하고 있다.

이것이 현대 노마디즘의 어두운 측면이다. 영어를 배우기 위해 해외로 떠나는 조기 유학생들, 그 아이들을 보살피기 위해 부부가 떨어져 사는 기러기 가족들 역시 유목민이다. 이들은 물론 이주노동자만큼의 절박함은 없지만 그렇다고 부유한 계층의 유희적인 노마드도 아니다. 유목적 사회의 도래와 함께 이제 전통적인 가족관계나 문화적 가치는 붕괴되었다. 한 가족이 한 장소에서 오손 도손 사는 정주민적 평화로움은 이미 한쪽 귀퉁이에서부터 허물어지기 시작했다.

종신 고용의 개념이나 평생 한 직장을 다니다가 퇴직하는 안온함 또한 사라지고 있다. 디지털 경제 시대에는 일자리 감소가 자연스러운 현상이다. 과거에 사람이 하던 일을 요즘에는 컴퓨터가 더욱 효율적으로 대신하고 있기 때문이다. 교사처럼 감정 교감을 필요로 하거나 의사, 변호사, 판사 같이 사람의 판단을 요하는 일은 당분간 사람이 수행하겠지만 장기적으로는 이것마저 인공지능으로 대체될 수 있을 것으로 전문가들은 내다보고 있다. 잠정적으로는 일자리 감소가 고통스럽겠지만 이를 잘 활용하면 더 질 높은 문화를 향유하면서 창의적인 삶을 살 수 있을 것이라고 기술 진보론자들은 말한다.

여하튼 평균 수명은 늘고 퇴직 시기는 빨라짐에 따라 퇴직자들은 '제2의 인생'을 말하기 시작했고, 미래학자들은 2~3개 이상의 직업을 가질 준비를 해야 한다고 조언한다. 전통적인 노사관계는 해체되었고, 기술의 급격한 발전으로 장인匠人 정신의 가치도 감소되었다. 세계화로 인해 인력의 수요 공급 구조도 개편되고 있다. 노동 유연성이니, 평생 교육이니 하는 단어들이 자주 들리는 이유이다. 마셜 맥루한Marshall Macluhan이 1970년대 초에 『지구촌Global Village』이라는 책에서 이미 예견했고, 1990년대 말 독일의 미래학자 군둘라 엥리슈Gundula Englisch가 정의했던 소위 잡Job 노마드의 현상이 목전에 다가와 있다.

앞의 두 세계화가 실패했듯이 이 세번째 세계화도 실패하지 않을까 아탈리는 두려워한다. 경제적 격차에 의해 하이퍼 노마드와 인프라 노마드의 갈등이 깊어질 것이기 때문이다. 2050년에 세계 인구의 절반이 인프라 노마드가 될 것이라고 그는 예상한다. 미국의 '월 가街를 점령하라'는 데모에서, 그리고 우리 사회의 양극화 현상에서 그 두려움은 벌써 가시화되고 있다. 아탈리는 오늘날의 세계화가 노마디즘의 가장 나쁜 성질인 불안정성과 정주민의 가장 나쁜 성질인 배타성을 혼합한 최악의 성질을 갖고 있다고 말하고 그것을 극복하기 위해서는 정주

'월 가를 점령하라!'

민의 가치와 유목민의 가치를 절충적으로 혼합한 '트랜스 휴먼'의 윤리가 필요하다고 말한다.

디지털 노마드Digital Normad와 클라우드

노마드는 원래 『차이와 반복』(1968)에서 들뢰즈가 철학적인 개념으로 사용한 것이었는데, 자크 아탈리에 의해 현대 사회를 설명하는 키워드로 사용되기 시작했다. 노마디즘을 철학적으로 다룬 들뢰즈와는 달리 아탈리는 인간학적, 경제적으로 고찰하고 있는 것이다. 여하튼 '유랑자'라는 사전적인 정의에서 벗어난 오늘날의 '노마드'는 단순히 공간적인 이동을 뜻하는 것이 아니라, 특정한 삶의 방식에 매달리지 않고 끊임없이 자신을 바꾸며 창조적인 삶을 사는 현대의 젊은이들을 지칭하게 되었다. 소위 디지털 노마드이다.

디지털 노마드의 등장은 지금으로부터 50여 년 전 마셜 맥루한에 의해 이미 예견되었다. 그는 "사람들은 빠르게 움직이면서 전자제품을 이용하는 유목민이 될 것"이라며 "이들은 세계 각지를 돌아다니지만 어디에도 집은 없을 것"이라고 예측했다. 자크 아탈리는 여기에 좀 더 전자적인 용어를 덧붙여 다시 "21세기는 디지털 장비로 무장하고 지구를 떠도는 디지털 노마드의 시대"가 될 것이라고 말했다.

정보기술의 발달로 등장한 디지털 노마드는 최첨단 정보통신기기로 무장하고 시공간을 넘나들며 생활하는 21세기형 신인류이다. 그들은 스마트폰, 노트북, 아이패드 등을 가지고 다니면서 어디에도 정착하지 않고(한 사무실에 머물지 않고) 여기저기 옮겨 다니며 일한다. 아이폰4S의 아이클라우드iCloud 기능을 이용하면 귀갓길에 아이폰으로 게임을 하다가 귀가 후 집에서 아이패드로 같은 게임을 이어서 할 수도 있다. 클라우드 컴퓨팅 덕분이다.

클라우드란 쉽게 말해서 구름 위에 띄워놓은 거대한 서버다. 각종 소프트웨어 프로그램, 문서 파일, 동영상 콘텐츠 등이 저장되어 있는 일종의 거대한 가상 창고다. 사용자는 필요할 때마다 인터넷으로 접속해 어느 때는 소프트웨어 프로그램, 어느 때는 문서파일, 또 어느 때는 데이터들을 불러와 쓰기만 하면 된다. 이것이 클라우드 컴퓨팅이다. 전에는 집에서 하던 문서 작업을 사무실이나 학교에 가지고 가 연속적으로 할 수 없었던 것이 큰 불편이었다. 앞으로는 언제 어디서고 하던 작업을 곧장 불러와 계속 할 수 있게 되었다.

아이클라우드
(아이폰에서만 실행됨)

그러나 이런 문서의 저장은 초보적인 기본에 불과하고, 더 중요한 것은 백과사전을 비롯한 수백만 권의 도서와 수십 종의 세계지도, 그리고 자동차 디자인을 위한 복잡한 계산이나 DNA 분석 작업을 위한 기초 자료 같은 것이 모두 클라우드에 저장된다는 사실이다. 사용자는 클라우드 상에서 자동차 디자인을 하거나 DNA 분석을 할 수 있고, 또 그것을 즉각 거기에 저장할 수 있다. 클라우드는 인류가 쌓아온 지적 자산을 모두 저장할 수 있고, 이 콘텐츠를 고속으로 처리할 수 있으며 그 결과를 언제 어디서고 다시 불러올 수 있는 거대한 인공지능이다.

구름 속에 들어있는 이 거대한 두뇌에 접속하는 도구가 바로 스마트폰이다. 스마트폰으로 클라우드에 접속하면 원하는 정보를 다 얻을 수 있다. 가령 지나가다 우연히 마주친 건물도 스마트폰 카메라로 비추기만 하면 인터넷에서 관련 정보를 찾아 검색해 준다. 스마트폰에 대고 한국어로 말하면 러시아어로 번역된 음성이 나오고, 노래 가락을 흥얼거리면 곧장 제목과 가사를 알려주기도 한다. 이제 터미네이터나 슈퍼맨은 소설이나 영화 속에만 있는 것이 아니다. 평범한 모든 사람들이 슈퍼맨이 되는 시대가 눈앞에 와 있다.

결국 장소가 중요하지 않게 되었다. 집이니 학교니 사무실이니 하는 장소에 더 이상 구애받지 않게 된 것이다. 대용량의 서버가 있는 사무실도 필요 없고, 불법 복제니 정품이니 하는 시비를 벌이며 소프트웨어를 고가로 깔 필요도 없게 되었다. 지금까지는 마이크로소프트MS의 PC 운영체제 윈도와 사무용 프로그램 오피스를 돈을 주고 사야 했지만, MS가 내놓은 클라우드 컴퓨팅 형태의 오피스365 서비스를 이용하면 워드, 엑셀, 파워포인트 등을 온라인에서 이용할 수 있다. 중소업체의 경우 직원 1인당 월 6달러만 내면 MS 오피스 대부분의 기능을 쓸 수 있다.

군이 사무실에 나가야 할 필요가 없고, 또 집에만 있어야 할 필요도 없다. 초원이나 사막 어디서든 텐트 치고 양탄자만 깔면 집이 되는 유목민처럼 PC건 태블릿이건 인터넷이 가능한 단말기 한 대만 있으면 어디서나 지금 있는 자리에서 업무도 볼 수 있고 창작도 할 수 있으며 엔터테인먼트도 즐길 수 있다. 회사 직원의 경우 출장을 갈 때 무거운 노트북을 가지고 다니지 않아도 된다. 출장지에 있는 PC에 접속해 사내 데이터를 불러와 업무를 볼 수 있기 때문이다. 음악을 좋아하는 젊은이라면 MP3 플레이어나 스마트폰에 음악 파일을 담아두고 다니지 않아도 된다.

영업 사원이라면 주요 홍보 파일을 클라우드에 저장해 놓고 고객을 만날 때 혹은 고객사를 방문할 때 꺼내서 보여주기만 하면 된다. 그에게는 노트북도 거추장스럽고, 아이패드나 갤럭시탭 같은 얄팍한 태블릿 PC만 있으면 된다. 원할 때마다 서버에 저장된 파일을 온라인에 접속해 불러와 사용하면 되기 때문에 더 이상 일일이 기기機器에 파일을 저장할 필요가 없다. 이보다 더 노마디즘을 가속화시키는 장치가 있을까?

노동 방식과 사회생활이 완전히 달라질 전망이다. 사무실에 출근해 정해진 자리에 앉아 근무하는 것은 구시대적 풍경이 될지 모른다. 회사에 출근하지 않고도 사내 전산시스템에 접속해 모든 업무용 파일을 살펴볼 수 있기 때문에 언제 어디서나 근무하는 스마트 워크가 가능해진다. 2년 뒤면 세계 경제활동 인구의 30%가 집 근처나 자신이 원하는

곳에서 일할 것이라고 예측하는 사람도 있다. 재택근무 혹은 사무실이
아닌 집 근처 워킹 센터에서 일하는 경우가 흔해질 것이다. 업무에 필요
한 자료는 인터넷을 통해 어디에서나 접근할 수 있고 화상회의 기술로
동료와 바로 옆에 있는 듯 중요한 내용도 의논할 수 있기 때문이다.

다시 집으로

21세기형 신인류인 '디지털 노마드'의 등장은 정보기술의 발달이
가져온 결과다. 인터넷, 모바일 컴퓨터, 휴대용 통신기기 등 디지털 시
스템에 의해 시간적, 공간적 제약으로부터 자유로워진 인간은 이제
한 곳에 정착할 필요가 없어졌다. 자유롭고 개방적인 이들 젊은이들은
홀가분하고 쾌적한 삶을 추구하면서, 모바일 커머스 시장을 주도하는
소비층이기도 하다. 요즘에는 트위터나 페이스북 같은 소셜 미디어가
추가되어 노마드적 트렌드는 한층 가속화되고 있다.

젊은 미술가는 자신의 작품전 사진을 아이패드의 고화질 화면에 담
아 지인들에게 즉석으로 보여주고, 유럽의 K-POP 팬들은 트위터로 사
발통문하여 파리 시청 앞 광장에서 플레시 몹flash mob(불특정 다수가 한
장소에 일시적으로 모여 한 판 벌이고 흩어
지는 이벤트 성 행사)을 열기도 하며, 박
원순 지지자들은 트위터의 지시에 따
라 투표장에 달려가 선거 승리를 이끌
어 내기도 한다. 한 마디로 동에 번쩍,
서에 번쩍 하는 것이 요즘 젊은이들의
문화이고, 노마드적 특성이다.

음악이나 미술 같은 예술 분야도
크게 달라질 것이다. 고블러Gobbler

▍플레시 몹 flash mob_ 불특정 다수가 한 장소에 일시적
으로 모여 한 판 벌이고 흩어지는 이벤트 성 행사로, 전
세계 젊은이들이 즐겨쓰는 의견 표출 방식이다.

같은 클라우드 음악 서비스를 이용하면 온라인에서 여러 사람과 함께 작곡하고 편곡할 수도 있다. 미술에서도 미디어 아트의 가능성이 무궁무진하다. 권승찬 작가의 미디어 작품 「That Place」는 작가가 2008년부터 곳곳에서 찍은 사진들을 모은 것인데, 이 작품 속에서 관람객들은 인터넷 스트리밍을 통해 직접 예술 작품에 참여해 볼 수 있다. 인물들이 들고 있는 패널에 날짜와 시간이 적혀있고, 이 정보를 바탕으로 구글 어스를 통해 검색하면 실제의 촬영 장소가 실시간으로 비쳐지는 것이다.

마셜 맥루한이 '지구촌' global village이라는 새로운 말을 만들어낸 것이 불과 40여 년 전의 일이다. TV의 등장으로 온 세계 사람들이 실시간으로 같은 뉴스를 보게 되자 온 세계가 하나의 마을처럼 가까워졌다고 해서 붙인 이름이다. 그러나 이제 글로벌화化는 더욱 가속화되어 인류는 멀리 떨어진 다른 장소에서 같은 시간에 공동 작업을 할 수도 있게 되었다. 실시간 통신이 발달해 있고, 또 '구글독스' 등을 활용해 문서를 동시에 편집할 수도 있기 때문이다. 글로벌 수준의 협업이 완벽하게 이뤄지면 '지구촌'이라는 말은 막연한 비유가 아니라 실질적인 기표가 될 것이다.

『소유의 종말The age of Access』의 저자인 제레미 리프킨Jeremy Rifkin에 의하면 지금과 같은 시장市場은 2050년까지 완전히 없어지고 네트워크가 이를 대체할 것이라고 한다. 이 네트워크 경제 체제에서는 물건을 소유하기보다 빌려 쓰는 것이 보편화할 것이라고 그는 전망한다. 실시간으로 정보를 주고받는 네트워크의 확장 속도를 시장이 도저히 따라잡을 수 없기 때문에 소유하면 오히려 손해인 것이 새로운 경제 체제의 특징이라는 것이다. 컴퓨터 하드웨어와 소프트웨어를 인터넷을 통해 빌려 쓰는 클라우드 기술이 대표적인 예이다. 예전에는 서버(대형 컴퓨터) 대수를 늘리려면 수개월이 걸렸지만 요즘 아마존의 클라우드 서비스를 이용하면 불과 몇 분 만에 수천 대 서버를 빌려 쓸 수 있다.

노마드의 가설과는 얼핏 정반대의 것으로 보이지만 사람들이 다시 집으로 돌아갈 것 같다는 전망도 나온다. 산업혁명 이후 집을 떠나 공장으로 사무실로 출퇴근해 온 현대인들이 클라우드 컴퓨팅과 스마트 기기들의 발달로 산업혁명 이전처럼 다시 집으로 돌아간다는 것이다. 그렇게 되면 아버지가 하루 종일 가족과 함께 집에 있는, 가내 수공업적 산업시대가 되돌아 오는지도 모르겠다.

들뢰즈의 노마드

자크 아탈리 이전에 유목민이라는 인류학적 개념을 현대 기술 사회 한 가운데로 들여온 최초의 사람은 프랑스의 철학자 질 들뢰즈Gilles Deleuze다. 그는 『차이와 반복』(1968)에서 '유목적 분배'를 이야기했고, 『노마드적 사유』(1973)에서는 유목 기계machine와 관료 기계라는 개념을 동원하여 니체의 유목성을 말했으며, 『자본주의와 분열증』 제2편인 『천 개의 고원』(1980) 제12장 '유목론 또는 전쟁기계'에서는 '탈영토' 개념과 '노마드'를 관련지었다.

들뢰즈에게 있어서 노마디즘은 단순히 라이프스타일이 아니라 인간 존재의 근원적인 문제다. 그가 즐겨 쓰는 '탈영토', '재영토화' 같은 공간적 개념들은 노마드라는 메타포를 자연스럽게 유도한다. 그가 생각하기에 유목주의nomadology는 우리의 인류사적 과거를 이해하는 기본적인 방법이면서 동시에 미래의 역사가 지향해야 할 바람직한 방향이다.

예술, 종교, 시장 등이 유목민의 발명품이라면 정주민은 법과 군사 같은 국가 장치를 만들어냈다. 따라서 전통적으로 역사는 정주민의 편이다. 그러나 유목주의는 영토로부터의 탈주선을 마련하여 탈영토의 흐름을 형성한다. 물론 이것은 단 한번으로 영원히 끝나는 것이 아니

'노마드'라는 말은 원래는 유목민을 뜻하는 단어이지만,
현대에는 정주민 사회의 룰에서 벗어나 자유롭게 생활하는 젊은이들을 말한다.

라 영원히 반복적으로 일어나는 일이고 또 일어나야 한다. 쉽게 말하면 트위터나 팟캐스트로 기성 정치와 사회를 조롱하고 기존 질서를 뒤집어엎는 일이 한 정권의 변화와는 상관없이 영원히 계속되면서 일상적인 일이 되어야 한다는 것이다.

그러므로 노마디즘은 결과가 아니라 과정이고, 지속적으로 정주定住제도에 저항하는 탈주선이다. 노마드적 주체는 자유롭게 정처없이 걷는 사람, 권력의 영토화에 구속받지 않는 사람, 기존 질서에 저항하는 사람이다. 탈영토화와 노마드적 실천은 결국 같은 말이다. 그리고 자유, 선택, 생성生成(~으로 되기) 등이 그것의 특징이다. 근본적으로 노마디즘은 권력, 영토, 그리고 고착된 동일성에 반대하는 정치적인 행위이다.

광활한 초원 한 가운데에 있는 농촌 공동체를 상상해 보자. 그 공동체는 율법 학사들, 사제들, 관리들에 의해 지배되는 전제군주적 체제다. 그러나 그 변방에는 다른 종류의 유목적 공동체들이 있다. 집단 전체가 유목 생활을 하는 공동체다. 중앙의 정주민 공동체가 합법적인 '코드'라면 이들은 스스로를 탈脫코드화化한다. 노마드를 '아시아적 생산을 하는 인간들'이라고 말하는 것으로 보아 들뢰즈의 유목적 모델은 구체적 역사 속에서 아마도 중앙아시아의 초원인듯 하다.

고고학자들은 이같은 유목주의가 한 장소에 정착한 집단들에 우연히 나타나는 모험이거나 혹은 외부의 부름에 대한 응답이라고 말한다. 인류의 본질적인 상태가 아니라는 얘기다. 하지만 유목민이 자신의 능력으로 중앙의 전제군주에 맞서서 대립했던 역사적 사실들은 이런 고고학적 견해를 뒤집는다. 인간을 기계로(예컨대 '욕망하는 기계') 말하기를 좋아하는 들뢰즈는 이들 유목민을 '전쟁 기계'라고 말한다. 그리고 전제군주가 지배하는 정주민 집단은 '관료 기계'로 지칭한다.

'전쟁 기계'와 '관료 기계'라는 양 진영은 상관적이며 상호 침투적이다. 전제군주는 유목적 전쟁 기계를 자신 속에 편입시키고 내면화하려 하는 반면 유목민은 자기가 정복한 제국에서 행정조직을 발명하려 한다. 몽고가 13세기 중반에 중국에 침입하여 세운 원元나라와 한족漢族, 또는 여진족이 17세기 중반 중국에 세운 청淸나라와 한족漢族의 관계가 이러할까? 물론 이 양자는 그들이 한데 섞이는 그 지점에서도 대립하기를 멈추지 않는다.

들뢰즈는 철학에서의 노마드가 바로 니체라고 말한다. 일본과 한국에서도 그랬지만 서구에서도 오래 동안 니체는 대학 강단에서 정통 철학으로 대접 받지 못했다. 아마도 그것은 니체가 반—철학이라는 새로운 유형의 담론을 최초로 만들어낸 사람이기 때문일 것이다. 그에 의하면 순수 이성의 정통 철학자들은 마치 전제정치의 관료들과도 같다. 그들에 의해 생성되는 담론은 정주민의 관료 기계와 유사하다. 그에 비해 니체의 담론은 유목민의 전쟁 기계에 비유된다고 들뢰즈는 말한다.

니체는 관료적이고 합리적인 기계에 의해 만들어지는 담론이 아니라 동적動的인 전쟁 기계에 의해 생산되는 담론이 있다는 것을 알아차린 최초의 철학자였다. 그는 전통 철학과 결별함으로써 사유를 전쟁 기계로, 혹은 유목적인 역능力能으로 만든 사람이었다. 실제 삶에서도 니체는 하숙집에서 하숙집으로 전전하는 철학적 유목민이었다.

들뢰즈가 니체를 유목적이라고 규정한 것에서 볼 수 있듯이 유목민이란 꼭 공간적으로 이동하는 사람만을 가리키는 것은 아니다. 장소 위에서의 여행이 있는 것과 마찬가지로 강도强度 속에서의 여행 또한 있기 때문이다. 유목민이란 공간적으로 이동하는 사람이 아니라 오히려 이동하지 않고, 다만 주류의 '코드'에서 벗어난 사람들을 말한다.

여기서부터 들뢰즈의 혁명적인 담론이 시작된다. 그에 의하면 현대의 혁명은 국가장치를 다시는 만들지 않을 전쟁 기계를 발견하는 일이다. 그렇게 만들어낸 엄격한 투쟁 단위를 통해 당 또는 국가 장치의 전제군주적이고 관료적인 조직이 생겨나는 것을 영원히 막아야 한다는 것이다. 다시 말해 영원한 유목민으로 남아 있어야 한다는 것이다.

유목적 분배

아탈리의 노마드가 좀 더 사회−경제적인 의미를 갖고 있다면 들뢰즈의 노마드는 좀 더 저항적인 정치적 함의를 갖고 있다. 그런 의미에서 들뢰즈가 『차이와 반복』에서 쓴 '유목적 분배'라는 말이 우리의 관심을 끈다.

만일 종교를 가진 사람이라면 신이 인간의 운명을 결정한다고 믿을 것이다. 유한한 존재자들인 우리에게 신은 각자의 운명에 부합하는 어떤 한계와 몫들을 분배했다는 것이 종교의 사유방식이다. 이것은 굳이 비유하자면 부동산 소유 상황이 정확하게 관청에 등기되어 있는 국가적 분배 양식과 같다. 여기서 토지의 경계선은 엄격하게 분리되어 있고 그 누구도 함부로 경계선을 침범하지 못한다. 하지만 종교가 없는 사람이라면 이와는 전혀 다른 운명의 분배 방식을 생각한다. 그것은 소유지도 울타리도 척도도 없는, 소위 유목적인 분배 양식이다. 여기서는 미리 배당된 몫이 없다. 제한되지 않은, 혹은 적어도 명확한 한계가 없는 열린 공간 안에서 스스로 자기 자신을 분배하는 자들의 할당이다.

고대 그리스에서 분배의 관념은 배당의 관념과 직접적인 관계에 있지 않았다. 목축의 의미를 지닌 '방목하다'가 토지의 배당이라는 의미를 함축하게 된 것은 훨씬 뒤의 일이었다. 호메로스 시대의 사회는 방목장의 울타리나 소유지 개념이 없었다. 이때는 땅을 먼저 분배하고 거기에 짐승들을 배치하는 것이 아니라 거꾸로 짐승들을 숲이나 산등성이 같이 한정되지 않은 공간 여기저기에 할당한 다음 그 땅을 배분해 주었다. 일단 점유의 장소를 지정한다 해도 그 장소는 명확한 경계가 없었다. 노마드 곧 유목민이라는 말이 바로 여기에서 나왔다.

이러한 분배 체계 속에서는 아무것도 그 누구에게 돌아가지 않고, 무엇 하나 누구에게 귀속되지 않는다. 오히려 가능한 최대의 공간을 메우도록 사람들이 여기저기 배치될 뿐이다. 목숨이 걸린 문제가 발생할 때조차도 이곳은 놀이의 규칙이 지배하는 놀이의 공간이었지, 정치적 노모스nomos(법)가 지배하는 공간이 아니었다. 한 사람에게 공간을 배당해 준다는 것과 어떤 공간을 채우기 위해 그 사람을 거기에 배당한다는 것은 매우 다른 이야기이다. 이런 분배 양식은 일종의 방랑적 분배, 혹은 심지어 착란의 분배라고 까지 말할 수 있다. 들뢰즈는 사물들의 존재 방식도 이러하다고 생각한다. 즉 사물들은 표상의 요구에 따라 배당되는 것이 아니라 일의적—義的, univoque 현전성의 성질을 띠고 존재 안에서 할당된다. 존재의 일의성이란 존재의 동등성 혹은 평등과 같은 의미이다. 여기서 들뢰즈의 핵심 단어인 '노마드적 분배' les distribution nomades 혹은 '왕관을 쓴 아나키' les anarchies couronnées 라는 말이 나온다.

비록 들뢰즈가 이 단어를 처음으로 쓴 것은 모든 존재가 가진 차이와 반복의 성질을 지칭하기 위한 것이기는 했지만, 여하튼 '노마드적 분배' 라는 말만큼 사회적 평등사상을 잘 은유하는 단어도 없을 것이다. "모든 것은 평등하다!" 와 "모든 것은 되돌아온다!" 가 이 단어 속에서 메아리치고 있기 때문이다. 개개의 존재를 최대한 존중하는 이 분배 양식은 모든 존재의 동등성, 혹은 평등을 의미한다. '왕관을 쓴 아나키' 라는 말도 역시 같은 의미이다. 무정부주의자는 일체의 권위나 지배 관계를 인정하지 않아서 국가마저 부정하는 사람들이다. 물론 왕이라는 것도 인정하지 않는다. 그런데 왕의 왕관을 나라 안 백성 모두가 쓰고 있다면, 그리고 모든 무정부주의자들이 각기 왕관을 쓰고 있다면? 그 사회에서는 모든 사람들이 왕과 똑같은 권위를 갖고 있고, 모두가 평등한 지위를 누리고 있다는 얘기가 되는 것이다.

호모 루덴스

호모 루덴스

유희본능

나 같은 기계치에게는 사용설명서가 두꺼운 전자기기는 우선 겁이 난다. 아무리 읽어 보아도 사용 방법을 모를 때도 있다. 그럴때면 언제나 나 자신의 무능함만을 부끄러워하고 질타했었다. 하지만 생각해 보면 이건 전말이 전도된 횡포가 아닌가? 사람이 쉽게 사용할 수 있는 편의성이야말로 기계가 존재하는 이유이며 목적이고, 소비자의 쾌적함에 최대로 봉사하는 것이 기업의 수익 모델인데, 사용자인 내가 왜 공부하듯 힘들게 사용법을 익혀야 하는가? 이것은 기업이 입버릇처럼 말하는 소비자 중심이 아니라 공급자 중심이며, 공급자의 횡포다.

애플의 성공의 핵심은 자신의 제품을 소비자가 두려워하지 않게 만든 것이었다. 리모컨은 어린 아이들의 장난감 리모컨과 버튼 개수가 비슷하여, 소비자로 하여금 우선 장난감을 대하듯 친근감을 느끼게 했다. 프로그램의 작동도 대부분 드래그drag(긁다)로 이루어진다. 어린 아이가 놀이터에서 모래장난하듯 패드 위에서 손가락을 돌리고, 두드리고, 어루만지면 된다.

필요 없는 것은 하나도 없는 깔끔한 미니멀리즘에 의외의 디테일이 덧붙여진 노트북에서 사용자는 일과 놀이의 두 요소를 행복하게 조화시킨다. 맥북McBook 초기 화면 아래 그래픽 유저 인터페이스GUI의 아이콘들이 가지런히 정렬된 부분을 커서로 스치면 커서가 닿는 부분마다 아이콘들이 풍선처럼 부풀어 오른다. 터치패드에서 손가락을 왼쪽에서 오른쪽으로 한 번 휘익 미끄러트리면 앙증맞은 아이콘들은 마치 애니메이션처럼 크고 작게 요동친다. 이런 엔터테인먼트적인 요소가 사용자에게 친근감과 즐거움을 준다. 애플의 성공은 딱딱한 코모디티commodity(생활필수품)에 말랑한 유희적 요소를 가미하여 사용자들로 하여금 천진난만한 놀이를 즐기게 해주었다는 데에 있다.

사람 서 넛이 모인 자리에서 누군가 스마트 폰을 꺼내면 조만간 모두가 휴대폰을 꺼내 들고 뭔가에 몰두한다. 젊은이나 나이든 세대나 노소의 구분이 없다. 젊은이들은 게임이나 문자 메시지일 가능성이 많고 나이든 세대라면 맛집 찾기나 아니면 새로 내려받은 신기한 프로그램의 자랑일 가능성이 많다. 휴대폰은 온 국민의 장난감이 되었다.

아이폰 이전에도 휴대폰에 게임이나 검색 기능이 있었지만 주 기능은 어디까지나 통화이고, 엔터테인먼트 기능은 부가적 기능에 불과했다. 그런데 휴대폰을 본래의 기능에서 놀이 영역으로 확장시켜 아예 놀이를 주 기능으로 만든 것이 스티브 잡스이다. 2007년 아이폰 출시 이후 사람들은 휴대폰을 통화의 기능을 갖춘 장난감으로 생각하기 시작했다. 손안에 쏙 들어오는 작은 휴대폰으로 먼 나라의 TV를 실시간으로 보고, 이메일을 체크하고, 모르는 단어를 검색하고, 건반을 만들어 피아노 연주를 할 수도 있다. 이것 하나만 있으면 하루 종일 싫증나지 않게 놀 수 있다. 완전히 가제트gadget(신기한 장난감)가 아닌가. 스티브 잡스는 전 세계 사람들에게 장난감을 던져 주어 모든 어른들을 동심으로 돌아가게 했다. 사람들이 열광했던 것은 어른이 된 후 잊고 살았던 놀이 본능이 일깨워졌기 때문이다.

인간의 본질은 바로 놀이에 있다. 하루에 18시간씩 하루도 빼지 않고 일했던 발명왕 에디슨도 이렇게 말했다고 하지 않은가. "나는 평생 하루도 일한 적이 없다. 재미있게 놀았을 뿐이다." 사실 학생들이 공부하기 싫어하는 것은 공부가 놀이에서 너무 멀리 떨어져 나왔기 때문이다. 스티브 잡스의 성공은 인간의 유희본능을 정확하게 파악하여 그것을 제품으로 구현시킨데 있다.

나만의 물건

우선 놀이의 특성은 개인성이다. 획일성은 놀이의 성질이 아니다. 다양하게 많은 가능성 중에서 이것저것 자유롭게 해보는 것이 놀이의 재미다.

애플 제품은 대량 생산품이면서도 사용자의 사용 여부에 따라 '나만의 물건'으로 변한다. '아이튠즈'나 아이폰의 응용 프로그램들은 아예 개인화에 초점을 두고 설계되었다. 아이팟의 재생목록만 봐도 사용자의 취향과 성격 등을 알 수 있다는 '재생목록주의'란 개념이 등장할 정도다. 휴대폰도 마찬가지다. 초등학생의 휴대폰에는 게임만 들어있고, 점잖은 할아버지의 휴대폰에는 각종 신문 방송의 뉴스 앱만 들어있다.

내 경우, 총 48개인 앱 중에는 **뉴욕의 현대미술관 MoMA**, 프랑스의 루브르 박물관, 한국의 미술전시를 검색할 수 있는 **art in smart**, 르몽드, 프랑스 TV, BBC, 종이접기를 동영상으로 자세히 가르쳐 주는 **Origami**, 사진을 만화로 전환시켜주는 Toon Paint 등이 있다. 프랑스와 영미권에 관심이 있고, 미술에 대한 취미가 있으며, 사진의 시각성에 경탄하고 있는 내 취미가 고스란히 반영된 나만의 전자 다이어리인 셈이다.

피테르 브뢰헬(Pieter Bruegel, 1525~1569), 「아이들의 놀이」
엄격한 규칙이 있지만 실용적인 목적이 없는 인간의 모든 행위가 놀이이다.

겉모습만 똑같을 뿐 사용자 취향에 따라 내부가 확 달라져, 같은 기기라고 생각도 할 수 없을 정도다. 백만여 개의 애플리케이션이 있다고 하는데, 이 많은 앱을 이리저리 자기 취향대로 선택한다면 그 조합의 가능성은 거의 무한대일 것이다. 모든 사람이 각기 다른 자신만의 전화기를 갖고 있다고 해도 과언이 아니다. 공장에서 찍어낸 산업 제품이 이렇게 개인화된 기기로 변하게 될 줄을 스티브 잡스 이전에 누가 상상이나 해 보았겠는가?

호모 루덴스

두 발로 직립하기 시작했을 때 인류는 다른 동물들과 구별되는 인간이 되었다. 직립인간Homo Erectus(호모 에렉투스)이다. 그 후 두뇌를 사용하고 언어를 발달시켜 지혜를 갖게 되었다. 슬기인Homo Sapiens(호모 사피엔스)이다. 또 손으로 뭔가를 만들 수 있게 되었다. 공작인工作人, Homo Faber(호모 파베르)이다. 인류의 발달 단계를 말하는 것이지만 여기에는 인간의 본질도 함축되어 있다. 인간은 생물학적으로 다른 동물과 같은 동물성이지만 그러나 두뇌를 사용하고 손으로 뭔가를 만들 줄 아는 존재라는 것이다. 그 후 학자들은 '호모…' 시리즈로 인간적 특질을 말하기를 좋아했다.

그런 의미에서 인류는 호모 사피엔스도, 호모 파베르도 아니며 다만 호모 루덴스Homo Ludens(놀이 인간)일 뿐이라고 말한 유명한 학자가 있었다. 네덜란드의 문화사학자인 요한 하위징아Johan Huizinga(1872~1945)가 그 사람이다. 그는 『호모 루덴스─유희에서의 문화의 기원』(1938)에서 문화와 사회의 가장 중요한 본질은 놀이라고 말했다. [저자 이름이 한국어 번역본에서 요한 호이징하, 또는 요한 하위징아 등으로 되어 있는데, 우리는 최근 번역서의 표기를 따르기로 했다.

참고로 요한 하위징아의 네덜란드어 원어의 발음기호는 다음과 같다. joːɦɑn ˈɦœyzɪŋɣɑ .]

하위징아에 의하면 놀이는 문화의 생산에 반드시 필요한 일차적 조건으로, 문화의 한 요소가 아니라 문화의 성격 그 자체이다. 근엄하고 어른스럽고 진지한 문화를 어린아이들의 무책임한 장난인 놀이에 비교하다니, 얼핏 혼란을 느낄 수도 있겠다. 놀이가 무엇인지 부터 정의해 보자.

남자 아이들의 딱지치기에서 상류사회의 스포츠인 골프에 이르기까지 모든 놀이에는 다음의 다섯가지 성질이 들어 있다. 첫째, 놀이는 자유다. 우리는 자유롭게 놀이에 참여하고, 여유로운 기분을 느끼기 위해 놀이에 진입한다. "우리, 일 그만 하고 놀자"라고 할 때 우리의 마음은 자유롭고 또 자유의 기대로 충만되어 있다. 놀이는 자유 그 자체이다.

둘째, 놀이는 실제의 삶이 아니다. 소꿉놀이에서의 엄마 아빠는 진짜 부부가 아니고, 모노폴리 게임에서 아무리 백만장자가 되었다 한들 실제로 그는 전혀 부자가 아니다. 그리고 소꿉놀이나 모노폴리 게임은 일상적으로 매일같이 하는 것도 아니다.

셋째, 놀이는 일상성이 아니다. 공간이나 시간의 관점에서 일상생활과 확연하게 구별되는 것이 놀이다. 청소년들이 게임에 몰두하는 PC방은 일상생활을 영위하는 공간이 아니고, 게임을 하는 시간 또한 다른 일상적 시간과 구별되는 특별한 시간이다. 그것은 일상적인 생활의 장소나 시간과 전혀 다른 어떤 배타적 공간과 시간이다. 축제에서의 가장假裝이나 전자게임의 아바타는 이와같은 놀이의 탈 일상성을 분명하게 보여주는 장치이다. 스스로 자기 아닌 다른 것이 되어, 상대방의 적수가 되거나 연인이 될 수는 있다. 그러나 게임이 끝나고 다시 일상으로 돌아오면 그 적수나 연인은 사라지고 만다. 놀이는 일상성이 아니다.

┃ 피테르 브뢰헬 「농부들의 춤」_ 즐겁게 놀고 먹는 결혼 피로연 장면.

넷째, 놀이는 질서를 만들어내고, 또 질서 그 자체이다. '놀이는 곧 자유'라는 말과 배치되는 것 같기도 하지만, 실상 놀이에는 고유의 규칙이 있다. 놀이의 규칙은 절대적인 구속력을 갖고 있으며 추호의 의혹도 허용치 않는다. 놀이의 규칙이 위반되면 그 순간 놀이의 세계는 무너진다. "노는 건데 아무렇게나 하면 어때!"라고 말하는 사람은 놀이에 낄 자격이 없다. 모든 스포츠는 물론이고 화투나 카드 게임들은 너무나 엄격한 룰이 있어서 그것을 배우지 않은 사람은 놀이 속에 끼지도 못한다. 한 신문의 은퇴 후 여가 관련 기사에는 '크루즈 여행 꿈꾸는가? 은퇴전 춤·외국어 배워둬야 제대로 즐긴다'라는 제목이 붙어 있다. 놀기 위해서는 엄청나게 공부해야 한다. 누가 놀이를 보고 '노는 일'이라고 말했던가?

다섯째, 놀이는 아무런 물질적 이해利害와 상관이 없고, 거기서 아무런 이득도 취할 수 없다. 친구와의 골프 경기 또는 테니스 경기에서 이겼다고 돈이 나오거나 이득을 취하는 일은 없다. 전자게임에서 상대방을 물리쳐 승리를 거두었다 해서 실생활에 손톱만큼의 이득이 있는 것도 아니다. 카드놀이나 골프 경기에서 이득을 취했을 때 '도박'이라는 죄목으로 큰 벌을 받는 것은 그것이 놀이의 규칙을 어겼기 때문이다.

한 마디로 놀이는 여분餘分의 세계이다. 먹고 사는데 꼭 필요한 행위가 아닌, 있어도 좋고 없어도 좋은 잉여剩餘의 행위이다. 즉 비생산적이고, 무상적無償的인 행위이다. 놀이에 대한 욕구는 놀이에 대한 즐거움이 놀이를 욕구하는 한에 있어서만 절실해 진다.

제의祭儀와 놀이

그러고 보면 세상에 놀이 아닌 것이 하나도 없다. 놀이와 가장 대척점에 있을 것 같은 제의祭儀 또한 놀이의 한 범주이다. 제의는 우리가 위에서 열거한 놀이의 특징을 다 가지고 있다. 놀이의 가장 중요한 성질중의 하나가 일상생활과의 공간적 시간적 분리인데, 제의의 참여자들이야말로 일상적이 아닌 다른 세계로 옮겨 가기 때문이다. 아주 간소화된 추석 차례에서조차 병풍 앞에 차려진 음식상은 갑자기 비일상적인 공간을 만들어 내고, 차례가 진행되는 시간은 일상적 시간과 전혀 다른 성질의 시간이 되는 것이다.

성당의 미사나 절의 법회에서 볼 수 있듯이 한 공동체가 종교의식을 행할 때 사람들의 정신적인 태도는 매우 진지하다. 고귀하고 성스럽다고 해도 좋겠다. 그러나 놀이 역시 진지하기는 마찬가지다. 놀이하는 사람은 그것이 단지 놀이에 불과하다는 생각을 별로 하지 않는채 심신을 다 바쳐 놀이에 빠져든다. 놀이에서 필연적으로 발생하는 즐거움은 긴장으로 변하고, 긴장은 정신의 고양으로 승화된다. 이처럼 놀이는 자유분방함과 무아경의 두 극단 사이에서 움직인다. 정신의 고양이니 무아경이니 하는 말들은 그대로 종교의 속성이다.

종교가 놀이의 일종이라는 것은 종교적 축제가 진행되는 동안 사람들이 완전히 환상에 속고 있지 않다는 점에서 알 수 있다. 어떤 원시부족에서는 남자들이 귀신 가면을 만들어 쓰고, 사용 후에는 여자들이 보지 못하도록 감춘다. 그들은 귀신이 나타난 것을 소리 높여 알리고, 모래위에 자기들이 이미 찍어 놓은 발자국에 놀라는 척 하며, 피리소리로 조상의 목소리를 흉내낸다. 남자들이 성스러운 숲에서 일어났던 무서운 이야기를 하면 여자들은 무섭게 흥분하고 소리를 지르며 사방으로 달아난다. 그러나 여자들이 완전히 속았는가?

그녀들은 누가 가면을 그렸고, 누가 가면 뒤에 숨었는지를 너무나잘 안다. 무서운 가면을 보고 놀라기는 하지만 그것이 "실제 상황은아니다"라는 생각이 그들의 의식 밑바닥에 깔려 있다. 말하자면 가면을 보고 놀라도록 룰이 정해져 있으니 그 매뉴얼에 충실하게 따라 놀

▌베니스의 상인의 한 장면_ 심장을 떼어내되 피 한 방울도 흘려서는 안 된다는 판결에서 우리는 위험한 배팅을
한 뒤 판돈을 다 쓸어 모으는 도박자의 쾌감을 느낀다.

라는 척 하는 것이다. 그들은 게임을 하는 것이고, 게임의 허구성을 폭로하여 놀이를 망쳐서는 안된다는 것을 스스로 알고 있는 것이다.

법과 놀이

제의도 그렇지만 법의 영역은 정말 놀이와는 거리가 있는 것처럼 보인다. 진지함의 극치이고, 개인의 사활이 걸린 이해관계가 걸려있다. 그러나 법의 가장 핵심적인 행사인 재판 역시 놀이적인 성격을 갖고 있다. 법을 실제로 집행하는 소송 절차는 스포츠 경기와 그대로 닮았다. 재판에는 내기적인 요소가 있다.

서로 자기가 아이의 어머니라고 주장하는 두 여인 사이에서 진짜 아이 어머니를 찾아냈다는 솔로몬의 재판이라든가, 심장을 떼어내되 피 한 방울도 흘려서는 안 된다는 『베니스의 상인』의 재판에서 우리가 느끼는 쾌감은 위험한 배팅을 한 뒤 판돈을 다 쓸어 모으는 도박자의 쾌감과 다르지 않다.

문명이 진보함에 따라 소송이 가지고 있는 놀이의 특질은 완전히든, 부분적으로든, 혹은 실제적이나 외견상으로 거의 상실되었다. 그러나 본질적으로 소송은 여전히 하나의 말싸움의 형태로 남아있다. 로펌을 다루는 미국의 시리즈 드라마에서 사건을 반전시키는 간단명료한 몇 마디 말들은 우리에게 전율을 일으킬 정도의 쾌감을 준다. 그 짜릿함은 스포츠 경기의 절묘한 슛 순간에 느끼는 후련함과 다르지 않다.

하기는 모든 논쟁이 근본적으로 놀이다. 움베르토 에코Umberto Eco의 소설 『장미의 이름』끝 부분에서 윌리엄 수사와 호르헤 원장은 필사적인 논쟁을 벌인다. 생사가 걸린 절체절명의 순간에 두 사람은 완벽한 논리를 구사하며 서로 상대방을 제압하고, 또 상대방의 논리에 서로 감탄한다. 마치 두 사람이 교묘한 약속 아래, 서로 두려워하고 서로 증오하면서 은밀히 서로를 찬양할 준비를 하고 있었던 것이 아닌가라고 생각될 정도이다. 비록 적이라도 상대방의 뛰어난 기량을 인정하고 감탄하는 것, 이것이 놀이의 정신이다. 상대방의 다른 견해를 용납하지 못하는 한국의 극단적 이념가들이 불쾌감을 자아내는 것은 그들이 게임의 규칙을 무시하고 있기 때문이다.

전쟁과 놀이

실제로 사람이 죽어나가지만 전쟁이야말로 가장 본질적인 의미에서의 놀이이다. 서기 7세기경 그리스의 에우보이아(현대어로 에비아) 지방의 두 도시에서 벌어진 전쟁은 완전히 시합의 형태로 진행되었다고 한다. 싸우기 전에 전쟁의 규칙이 쓰인 엄숙한 계약서를 아르케미스 신전에 미리 기탁해 놓았는데, 이 계약서 속에는 양측이 접전하는 시간과 장소가 명기되어 있었다. 사용할 수 있는 무기도 엄격하게 정해져서, 칼과 휴대용 창만 허용되고, 던지는 창이나 화살, 돌팔매 등은 일체 금지되었다.

『단추전쟁』(저자, 루이 페르고)은 1912년에 출간된 이래 세 번이나 영화로 만들어진 프랑스의 대표적 청소년 소설이다. 프랑스의 어느 시골에서 두 마을의 소년들이 패를 갈라 전쟁놀이를 하는 스토리다. 늘상 사이가 좋지 않았던 두 마을의 아이들은 한 중간의 숲을 사이에 두고 매일 전투를 벌인다. 전투 방식은 주로 돌팔매질이다. 막대기를 사용하기도 하고, 한데 엉켜 백병전을 벌이기도 한다. 적병이 포로로 잡히면 옷의 단추를 다 떼어내 버린다. 그 때는 아직 지퍼가 발명되기 전이어서 모든 옷의 여밈은 단추로 되어 있었다. 그러니까 단추가 떼이면 속수무책으로 흘러내리는 옷을 거머쥐고 집으로 돌아가는 수모를 당했다. 그뿐만이 아니다. 먹고살기에 바쁜 부모들은 아이들 옷을 새로

마련해 줄 여유가 없었고, 더구나 어린이의 인격을 존중해야 한다는 말은 들어본 적도 없는지라, 망가진 옷을 입고 들어온 아이에게 심한 매질을 했다.

아직 TV가 아이들을 집안에 붙들어 두기 이전의 자연스럽고 건강한 유년 시절이 그려져 있어서 어른들의 향수를 불러일으키는 소설이다. 보불전쟁에서 프러시아(현재의 독일)에 패한 프랑스인들의 적대감이 반영되어 있다거나, 1905년 정겸政經 분리 법안 공포 이후 왕당파와 공화파간의 갈등을 비유한 것이라는 해석도 있다. 여하튼 무기의 사용, 포로의 대우 문제 등을 엄격하게 법으로 정해 놓았다든가, 싸움의 시간과 장소가 일상생활과 철저히 분리되어 있다든가 하는 놀이의 규칙은 실제 어른들의 전쟁과 그대로 일치한다. 놀이의 특징을 가진 전쟁이 실제 아이들의 놀이와 중첩되어 있다는 것이 이 소설의 매력이다.

북한군 고위 장성의 가슴 위에 다닥다닥 붙은 훈장들이 가끔 아이들의 딱지처럼 우습게 보이는 것도 전쟁이 가진 이런 유희적 성격 때문일 것이다.

문학의 유희성

하위징아는 가장 정신적인 작품인 시詩까지도 '놀이 속에서 놀이로 탄생한 것'으로 파악한다. 그는 인간의 행위 중에서 시보다 더 순수하게 놀이 개념에 가까운 것은 없다고 말한다. 놀이란 어떤 시간, 공간의 한계 속에서 무언가 의미를 지니고 진행되어 가는 하나의 행동이며, 구체적 질서와 엄격한 규칙에 따라 물질적 유용성 또는 필요성의 영역 밖에서 행해지는 것이었다.

물질적 유용성에서 벗어난다는 것은 목적 없고 이유 없으며, 실용적인 쓸모가 없다는 의미이다. 그런데 시詩야말로 실용적인 목적이나 유용성이 없는 물건이다. 다시 말해 무상성無償性이다. 시는 여러가지 이미지를 형식을 갖추어 배열하고 거기에 질서를 부여한다. 나름의 규칙이 있으면서 실용적인 목적은 없다면 그것은 그대로 놀이의 형식이다. 시인은 시적 이미지를 갖고 노는 사람인 것이다.

사르트르도 1965년 〈미학 리뷰 Revue d'esthétique〉지와 가진 회견 '작가와 그의 언어'에서 문학의 일차적 기능은 심심풀이 또는 자기만족이라고 말했다. 그는 작가란 바닷가에서 모래성을 쌓는 어린아이와 같다고 했다. 어린아이는 모래성의 아름다움을 위해 모래성을 쌓는 것이지, 누구에게 보이기 위해 그것을 쌓는 것은 아니다. 그것을 남에게 보이는 것은 어디까지나 부차적인 일이다. 다 만들고 나서 부모의 손을 이끌고 와 "내가 쌓은 이 멋진 모래성을 보세요"라고 말하면 부모가 "참 멋진 성을 쌓았구나!"라고 감탄하겠지만 아이에게 있어서 일차적인 것은 자기만족일 뿐이다. 이때 "참 아름다운 성이구나!" 하고 감탄하는 부모가 바로 작가에게 있어서는 독자이다. 그러므로 독자의 찬사는 작가에게 어디까지나 부차적인 문제일 뿐 작가는 근원적으로 자기만족을 위해, 즉 순전히 놀이의 기쁨을 위해 글을 쓴다는 것이다.

작가가 남을 위해 글을 쓴다는 것은 결과적으로는 맞는 이야기이지만 그 근원에서는 진실이 아니라고 사르트르는 말한다. 참여문학의 주창자, 과격한 좌파 혁명의 투사였던 그가 문학을 유희라고 말한 것은 매우 이례적인 일이다. 참여 문학론의 교과서와도 같은 『문학이란 무엇인가?』에서 문학작품은 철두철미 타인들에게 읽히기 위한 것이며, 그것도 부르주아 사회를 비판하기 위한 참여문학이어야 한다고 주장했던 그였다. 무엇보다 산문의 목적을 소통으로 규정했던 그가 산문까지 포함하여 모든 문학작품이 소통과 상관없는 자기만족이라고 말한 것은 놀라운 일이었다.

소통의 억압적인 성격

혼자 하는 개인적인 놀이와 타자를 필요로 하는 단체 놀이가 있다. 후자의 경우 놀이는 사회성을 갖는다. 놀이는 단절에서 벗어나는 통로이고, 타자와 소통을 가능하게 해주는 요소다. 사람들은 놀이를 통해 타자와 공감을 하고 함께 있다는 사실을 느낀다.

그래서 흔히 공감의 수단인 소통에는 큰 가치가 부여된다. 특히 요즘 우리 사회에서는 젊은이와의 소통이 권력 창출의 핵심 요소로까지 여겨지고 있다. 그러나 소통 자체가 상대방에 대한 억압이라는 이론도 있다. 일반적으로 소통 행위는 의미의 전달과 그것의 수용을 목적으로 이루어지는 것이다. 서로 상대방의 생각을 알 수 있고, 그리하여 서로 공감할 수 있다는 것이 소통의 장점이다. 그러나 조금 달리 생각해 보면 의미 전달과 의사소통 기능이 긍정적인 것만은 아니다. 상대방과 서로 생각이 같지 않고, 전혀 공감할 수 없을 때, 그것은 오히려 타자를 구속하는 행위가 될 수도 있다.

글이건 말이건 어떤 의미를 담아 상대방에게 자기 의사를 전달하려고 할 때 우리는 상대방이 동의하거나 부정하거나 간에 여하튼 어떤 반응을 보일 것을 기대하고 촉구한다. 말하자면 반대급부를 요구하는 부담스러운 증여 행위이다. 내가 그 문제에 아무 관심이 없더라도 그 말에 반응을 보이기 위해 나는 힘들여 어떤 생각을 머릿속에서 짜내고, 또 예의상 거기에 공감한다는 사인을 보낸다. 이건 따뜻한 소통이기는 커녕 타자에 대한 폭력이고 구속이다.

욕설로 이루어진 나꼼수의 방송이 어떤 사람들에게는 소중한 소통이겠지만 또 다른 사람들에게는 심한 폭력이 된다. 그러므로 소통 자체를 그렇게 절대적으로 미화할 필요는 없겠다. 어찌 보면 소통 자체도 동질적 집단 내부에서만 유효한 수단일 뿐인데, 거기에 보편적 가치를 부여하는 것은 위선 혹은 상대편을 제압하기 위한 전략에 불과한 것이 아닐까?

　의사소통을 아예 포기하겠다고 작정한 부조리극의 언어가 반대급부를 요구하지 않는 가장 이상적인 증여행위로 해석되는 이유가 바로 그것이다. 예컨대 사무엘 베케트Samuel Beckett의 연극 『고도를 기다리며』에서 등장인물들은 서로에게 아무런 구속력을 갖지 않는 무의미한 대사와 행동을 무상無償으로 주고받는다. 이 비소통의 언어야 말로 서로를 구속하지 않는 놀이 본연의 세계다. 여기서 의사소통의 기능을 잃은 언어는 더 이상 타자를 구속하는 도구가 아니라 그저 즐거운 놀이의 대상일 뿐이다. 베케트의 극에 등장하는 인물들이 호모 루덴스인 동시에 호모 도나토르Homo Donator(증여인)라고 말해지는 이유이다.

놀이 속에 들어 있는 죽음의 충동

　놀이는 어린아이처럼 한없이 순진무구하지만 그러나 거기에는 죽음의 충동도 있다. 인류학자 마르셀 모스Marcel Mauss가 주목한 **포틀라치**에서 그것이 극명하게 드러난다. 아메리카 북서부 해안지역 인디언 부족들의 축제인 포틀라치는 서로 자신의 재산을 탕진할 때까지 상대방 부족에게 끊임없이 더 큰 선물을 제공하는 풍속이다. 하위징아는 포틀라치 또한 놀이의 한 종류라고 말한다.

　후계자 계승이나 어떤 공적을 기리기 위해 또는 치욕을 당한 뒤 명예와 위엄을 되찾기 위해 열리는 이 축제에서 손님을 초대한 주인은 손님들에게 음식을 대접하고 그들이 돌아갈 때 위계 등급에 따라 선물을 주어 보낸다. 손님들이 많이 오고 잔치가 푸짐하며 많은 예물이 나뉠수록 주인의 위세가 높아진다. 손님들은 그것을 받아들일 의무가 있으며 나중에 그 이상으로 더 크게 포틀라치를 벌여야 자기 위신을 지

포틀라치
포틀라치 풍습에 대한 저자의 해석이 담긴 또 다른 책 『로빈슨 크루소의 사치』e-book

킬 수 있다.

자신이 받은 식사 대접과 선물보다 조금 더 호화로운 식사와 선물을 대접해야 했으므로 포틀라치는 점차 에스컬레이트 될 수밖에 없다. 나중에는 값비싼 기름을 태우거나, 진기한 동판을 바다에 던져버리는 일도 일어나고, 호화로운 집을 불태우거나 노예를 죽이기까지 한다. 귀중하고 값비싼 것을 버리고 파괴할수록 자신의 대범함과 관대함이 증명되기 때문이다. 우리 사회의 과도한 혼수 관행도 이 포틀라치와 아득히 먼 기원을 공유하고 있을 것이다.

여하튼 이 미친듯한 선물의 에스컬레이트를 극단적으로 밀고 간다면 그 끝에는 죽음이 있다. 모든 인간에게 절대적으로 소중한 것은 자신의 생명이기 때문이다. 하위징아는 이 이상야릇한 관습의 원리가 바로 투기鬪技라고 말한다. 즉 싸우고자 하는 인간 욕구의 강력한 표현이라는 것이다. 일단 이것이 투기라고 인정된다면 우리는 포틀라치를 엄격히 '놀이'라고 부를 수 있다. 포틀라치에서 작동되는 것은 놀이의 본능이었다. 다만 그것은 진지한 놀이, 숙명적이고 치명적인 놀이, 잔인한 놀이, 성스러운 놀이였을 뿐이다. 한갓 놀이임에도 불구하고 그러한 놀이는 고대 사회에서 그 사회의 한 개인이나 집단의 인격을 좀 더 높은 권력으로 끌어 올리는 강력한 수단이 되었다.

놀이는 쾌감의 원천

놀이란 궁극적으로 규칙이 있고, 약속을 따르며, 이유가 없는 모든 형식이다. 그런데 놀이는 아름다워지려는 경향도 있다. 미美란 질서 잡힌 형식을 창조하고자 하는 충동인데, 놀이야말로 질서 잡힌 형식이기 때문이다. 그러고 보면 놀이의 요소를 나타내는데 쓰이는 말들은 거의가 미적 효과를 기술하는데 쓰이는 미학 개념들이다.

어렵기로 유명한 관념철학자 칸트의 미학이론에서도 놀이 개념은 아주 중요한 요소다. 다만 이때의 놀이는 실제 세계 속에서의 사람들의 놀이가 아니라 한 개인의 마음속에서 일어나는 인식능력들 사이의 유희인 것이 다른 점이다. 우리는 장미꽃을 보며 아름답다고 말한다. 칸트는 이것을 취미판단이라고 한다. 장미를 보고 "이것은 장미과에 속하는 떨기나무로, 깃꼴 겹잎이고, 5~6월에 담홍색, 담자색, 백색 등의 꽃이 피고..."라는 개념을 떠올린다면 이때의 판단은 미적 판단이 아니라 논리적 판단 혹은 인식판단이다. 하나의 대상이 아름다운지 어떤지를 결정하는 판단은 취미판단이고, 이것이 바로 미학적 판단이다. 그러므로 미학적 판단에는 개념이 개입되어 있지 않다.

우리가 하나의 대상을 아름답다고 말하는 것은 우선 그 대상이 우리 마음에 즐거움을 일으키기 때문이다. 다시 말해 쾌감을 주기 때문이다. 불쾌한 대상 앞에서 그것을 아름답다고 말하는 사람은 없다.

그렇다면 쾌감은 무엇인가? 쾌快란 우리의 인식능력과 대상의 일치에 다름 아니다. 대상을 인식할 수 있는 우리의 마음의 능력이 그 대상과 딱 일치를 이루었을 때 우리는 쾌감을 느끼고, 이때 우리는 그 대상을 아름답다고 말한다.

그런데 우리의 인식 능력은 구상력構想力과 오성悟性으로 이루어져 있다. 구상력은 영어로 imagination이어서 '상상력'이라고 번역되기도 한다. 이것은 '선천적인 직관능력'으로, 감성과 같은 의미이다. 오성은 영어로 understanding인데, 넓은 의미에서는 사고의 능력이다. 칸트에게서는 '개념을 만드는 능력'이다. 즉 감성에 의해 주어진 것을 가지고 하나의 대상을 구성하는 개념 작용의 능력이다. 그러므로 우리의 인식능력은 감성과 오성으로 구성되어 있다고 말해도 무방하다.

여하튼 하나의 대상이 우리 인식의 원천이 되기 위해서는 구상력과 오성의 개입이 필요하다. 즉 무심하게 피어있는 장미꽃이 내 인식의 대상이 되기 위해서는 그것을 직관적으로 감지하는 능력과 그렇게 감지된 내용을 소재로 하여 어떤 개념을 만들어내는 능력이 필요하다. 장미꽃을 직관적으로 감지하는 능력이 '구상력'이고, 그 직관들을 통합하여 하나의 단일한 개념을 만들어내는 것이 오성이다. 말하자면 구상력은 '그림'의 성질에 가깝고, 오성은 '언어'의 능력에 가깝다. 이두 능력이 딱 일치했을 때, 다시 말해 아직 뭔가 이름붙일 수 없는 장미 모양의 막연한 형태와 "이것은 참 아름다운 장미다!"라는 개념이 딱 일치했을 때 우리는 쾌감을 느낀다. 이것이 칸트가 말하는 미적 판단이다.

그런데 두 능력이 조화를 이루고 일치하기까지에는, 물론 순간적으로 일어나는 일이지만, 거기에는 약간의 시간이 필요하다. 이 시간 동안 이미지 능력과 언어의 능력인 두 능력은 자유롭게 서로 왕래한다. 미리 정해진 개념이 없기 때문이다. 미리 규정된 개념이 있었다면 서로 조정調整하는 작업은 필요 없고 결정은 순식간에 내려졌을 것이다. 그러나 사전에 아무런 판단의 근거도 주어져 있지 않았으므로 상상력과 오성은 놀이하는 어린아이들처럼 순진하게 이리 왔다 저리 갔다 하는 유희를 벌인다. 그러다가 마침내 최종적으로 아주 정교하게 서로 딱 들어맞게 일치한다. 이 순간에 쾌감이 발생한다. 그리고 이렇게 우리의 쾌감을 야기하는 대상을 보고 우리는 '아름답다'라고 말한다.

권력이 된 웃음

아리스토텔레스는 인간이란 '웃는 동물'이라고 말했다. 하위징아는 아리스토텔레스의 이 개념이야말로 '생각하는 인간' homo sapiens

이라는 개념보다 더욱 인간을 다른 생물체와 확실하게 구분지어 준다고 했다. 인간에게는 생각이 있고 사유하는 힘이 있기 때문에 다른 동물과 구분되지만 또 한편 인간에게는 웃음의 능력이 있기 때문에 다른 동물과 구분된다. 동물은 웃을 줄 모르기 때문이다. 아리스토텔레스의 '웃는 동물' 이라는 말에서 우리는 곧장 움베르토 에코의 **『장미의 이름』**이 떠오른다. 중세 수도원의 끔찍한 살인 사건을 다루고 있는 이 소설의 주요 모티프가 바로 '웃음' 을 다룬 아리스토텔레스의 가상의 책이기 때문이다.

『장미의 이름』 소설과
영화에 대한 정보.

때는 1327년, 영국의 수도사 윌리엄은 모종의 임무를 띠고 이탈리아의 어느 수도원에 잠입한다. 이날부터 7일 동안 수도원에서는 상상을 초월하는 끔찍한 연쇄 살인이 요한묵시록에 예언된 그대로 벌어진다. 첫날은 폭설 속의 시체, 둘째 날은 피 항아리 속에 처박힌 시체... 이런 식이다. 기호학자인 윌리엄 수사修士는 앞을 보지 못하는 수도원장 호르헤가 범인임을 밝혀내는데, 그 살인의 이유와 방법이 바로 '웃음' 을 다룬 아리스토텔레스의 『시학』제2권이다. 『시학』제2권은 아리스토텔레스가 썼지만 나중에 소실되었다는 설도 있고, 아니면 아예 쓰이지 않은 책이었다는 설도 있는 책이다. 소설은 이 책의 필사본 한 권이 아직 14세기의 한 수도원에 남아 있었다는 가정하에서 전개된다.

광적인 호교주의자護敎主義者이며 장님인 수도원장 호르헤는 '웃음' 이 엄숙한 기독교 정신에 손상을 입힐까 두려워 아리스토텔레스의 『시학』제2권을 '아프리카의 끝' 이라는 이름의 장서관 밀실 안에 숨겨 놓았다. 수도사들이 그것을 읽지 못하도록 하기 위해서였다. 그러나 그것도 부족해 페이지들의 오른쪽 아래 끝 모서리에 독을 발라 놓았다. 행여 몰래 훔쳐보는 사람이 책의 내용을 널리 퍼뜨릴까 두려워 책을 본 사람을 아예 죽여 없애기로 작정한 것이다.

필사사筆寫士들은 흔히 손가락 부분이 없는 장갑을 끼고 책을 다루므로 책장을 넘기다보면 손가락에 독이 묻을 것이고, 더군다나 이따금씩 마른 손가락을 혀끝에 대어 가며 읽다 보면 독이 혀끝을 통해 입안으로 들어갈 것이다. 채식사彩飾士 아델모, 그리스어 번역가 베난티오, 보조사서 베렝가리오, 세베리노, 장서관 사서 말라키아 등이 모두 밀실에 숨어들어 금서의 책장을 미친듯이 넘기며 읽다가 독약에 중독되어 죽었다.

기호학자인 윌리엄 수사가 시신의 오른쪽 손가락 2개와 혀가 까맣게 변색되어 있는 것을 보고 연쇄살인의 범인을 찾아내는 과정이 이소설의 흥미진진한 줄거리이다. 저자 움베르토 에코의 박학한 중세 문헌 지식과 함께 펼쳐지는 이 역사 추리 소설은 『로빈슨 크루소』가 그랬듯이 나중에 하나의 장르가 되었다. 댄 브라운의 『다빈치 코드』, 이인화의 『영원한 제국』, 또는 규장각 살인 사건을 다룬 TV 드라마들이 종교 혹은 역사를 배경으로 한 스릴러라면, 2011년에 나온 베르나르 베르베르의 『웃음』은 이 책의 주요 모티프인 '웃음'의 문제에서 영감을 얻은 것이다.

소설 안에서 주인공 윌리엄 수사가 아리스토텔레스의 『시학』 제2권 서론을 읽는 장면이 나온다. 인간은 웃을 줄 아는 유일한 동물이라는 것, 희극의 원형은 모방이라는 것, 등장인물의 품격을 떨어뜨리고 천박한 몸짓을 의도적으로 사용하는 것이 희극의 기법이라는 것 등의 내용이다. 물론 움베르토 에코가 상상적으로 쓴 허구의 글이지만 아리스토텔레스의 다른 작품들 내용이 그대로 반영된 것이어서 전혀 허황된 것이라고만 할 수는 없다.

실제로 아리스토텔레스는 『시학』에서 희극을 뜻하는 '코마이'라는 말의 어원이 '시골'임을 밝히면서 희극의 서민적 기원을 언급했다. 희극 광대들은 천박하다는 이유로 아테네 같은 도시에서 공연이 금지

되었고, 그래서 시골 마을 즉 코마이들을 찾아다니며 공연했는데, 여기서부터 코마이가 희극을 뜻하게 되었다는 것이다. 그러니까 희극은 원래 시골 마을에서 식사나 잔치 뒤에 벌어지는 흥겨운 여흥극이었다. 당연히 희극의 주인공은 유명한 사람이나 권력을 가진 사람이 아니라 비천하고 어리석으나 악하지 않은 사람들이었다. 희극은 보통 사람의 모자라는 면이나 악덕을 왜곡시키고 과장되게 보여 줌으로써 우스꽝스러운 효과를 연출한다.

그러나 희극은 기지 넘치는 수수께끼와 예기치 못한 비유를 통해 실재를 다시 한 번 검증하게 하고, 관객들로 하여금 "아, 실재는 이런 것이었는데 나는 모르고 있었구나!"라고 감탄하게 만든다. 말하자면 진실을 드러낸다는 점에서 희극도 진지한 서사시나 비극과 다를 바없다. 다만 등장인물이나 줄거리가 열등한 인간들의 하찮은 이야기를 모방했다는 것만이 다를 뿐이다.

여하튼 웃음은 인간을 악마의 두려움에서 해방시킨다. 희극 속에서는 악마 또한 하찮은 바보로 나타날 것이기 때문이다. 웃음은 또 인간에게 죽음을 두려워하지 않게 만든다. 웃는 순간 죽음 같은 것은 아무런 문제가 되지 않기 때문이다. 근엄하고 진지한 중세 기독교 사회에서 악마를 두려워하지 않고 죽음을 두려워하지 않는다는 것은 하느님에 대한 경건한 신앙심을 치명적으로 훼손시킬 수 있는 위험한 악덕이다. 초기 신학의 교부들이 전해 주었던 신성한 가르침과 고결한 사상을 절대적으로 떠받들고 있던 중세 교회 세력이 웃음을 불온하게 여겼으리라는 것은 당연한 일이다.

그들은 웃음의 쾌락과 천박한 유혹이 인간을 타락시키고, 이어서 교회의 교리도 무너뜨릴 것을 두려워했다. 대사제이면서 은밀한 살인범이었던 호르헤가 능히 악마의 대리자 노릇을 할 수 있었던 것은 자기 나름의 확신이 지나쳐, 허위로 여겨지는 모든 것과 싸울 각오가 되어 있었기 때문이다. 한갓 웃음을 다룬 아리스토텔레스의 서책이 그에게 그토록 위험하게 보였던 것은 웃음이 인간에게 모든 진리를 의심하게 하고, 망령의 노예가 되지 않게 해 줄 수 있다는 것을 일찍이 간파했기 때문이다. 이 중세적 몽매주의蒙昧主義에 대한 비판이 『장미의 이름』을 고급의 인문주의 소설로 만들어준다.

"선지자를 두렵게 여겨라. 그리고 진리를 위해 죽을 수 있는 자를 경계하라. 진리를 위해 죽을 수 있는 자는 대체로 많은 사람을 저와 함께 죽게 하거나 때로는 저보다 먼저 때로는 저 대신 죽게 하는 법이다"라는 윌리엄 수사의 말은 그대로 저자가 하고 싶은 말이었을 것이다. 그리고 중세에만 적용되는 이야기도 아닐 것이다. '지붕에 올라가면 사다리는 치우는 법'이라는 잠언에서 우리는 그의 메시지를 한층 더 분명하게 읽을 수 있다. 진리라고 하는 것은 '고기를 잡으면 버리게 되는 그물, 혹은 높은 데 이르면 버리게 되는 사다리'처럼 언젠가는 버려야 할 연장일 뿐 교조적 맹신의 대상이 되어서는 안된다는 이야기이다.

이 소설의 성공 이후 가벼운 웃음에 대한 찬양과 진지한 사변에 대한 조롱이 하나의 트렌드가 되었다. 『웃음』을 쓴 베르베르는 프랑스에서 코미디언들의 역할이 점점 더 중요해지고 있다고 전한다. 영화, 텔레비전, 연극 등 도처에서 막강한 영향력을 행사하고, 돈도 많이 벌어, 거의 '새로운 권력이다'라고 말한다. 우리나라의 사정도 다르지 않다. 지식인을 인터뷰하는 대담자가 되고, 시사 프로의 진행자도 되며, 책 프로를 담당하기도 하고, 유력한 대통령 후보의 멘토가 되기도 한다. 위세와 역할에서 코미디언을 따를 자가 없다고 해도 과언이 아니다.

SNS의 단문도 유독 우리나라에서 정치적 파괴력이 크다. 중요한 사회적 정치적 외교적 이슈를 짤막한 단문으로 난도질하는 이 조롱의 언어는 수십 년간 공부한 학자들의 이론을 단숨에 무력화시키고, '닥쳐!' 라는 장난의 말은 모든 논리를 잠재우는 어마어마한 위력을 지닌다. 움베르토 에코가 도그마의 경직성을 깨트리고자 도입한 '웃음'의 모티프가 다시 인간을 억압하는 거대한 도그마가 되다니!

개인화

개인화

개인 기술의 시대

개인적personal이라는 말은 '잡스 현상'을 해석하는 가장 중요한 키워드다. 기계란 원래 비개인적impersonal인 것이다. 흔히 우리는 개인의 사정을 고려하지 않는 냉정한 사람 앞에서 "그렇게 기계적으로 말하지 마!"라고 말한다. 기계란 비개인적이어서 개개인에게는 무관심하고 오로지 기능적이기만 하다는 생각이 이 비유 속에 깔려 있는 것이다. 우리에게 기계란 필요에 의해 사용하는 것이었지 애정의 대상은 아니었다. 그런데 스티브 잡스는 이 기기를 사람들이 사랑하도록 만들었다. 개인 기술personal technology의 시대를 연 것, 이것이 스티브 잡스의 위대함이다. 그의 가장 큰 위대함은 감정의 섬광을 컴퓨터 기술과 접목시킨데 있다. 그리고 거기서 나오는 제품이 개인적인 것으로 느껴지게 한 점이다.

혹시 '당신 휴대폰을 하루만 빌려 줄 수 있어?'라고 누군가가 우리에게 요청한다면 순간적으로 우리는 당황한다. 10년 전 같으면 아무렇지도 않은 일이었을 텐데 요즘은 누군가에게 휴대폰을 빌려 달라는 것이 매우 무례한 요구로 보인다. 지금은 누구도, 비록 자신의 배우자에게도 자신의 휴대폰을 하루 정도 빌려준다는 생각을 하지 못한다. 휴대폰은 거의 인감 도장의 수준에 올랐다. 분실한 휴대폰을 9시간 동안 돌려주지 않았다고 해서 동료 의원을 고소한 여자 국회의원도 있다. 휴대폰은 더 이상 '전화기'가 아니라 자신의 아바타가 되었다.

PC도 개인적이기는personal 했다. 그러나 책상 위에 놓이기 보다는 차라리 손 안에 쏙 들어와 어디든지 함께 가는 스마트폰은 거의 내밀성intimate이다. 이 변화가 애플에 의해 주도되었다. 기술의 개인화는 애플리케이션의 선택 또는 사교 범위의 저장에도 기인하지만 아이팟을 여러가지 색깔로 생산해 내는 것에서도 구현되었다. 기기가 패션이 될 때 테크놀로지는 개인화된다.

모바일은 개인화를 촉발시켰고 소셜 서비스는 이런 개인들을 연결시키고 있다. 개인화라는 키워드가 공통분모가 되어 시너지를 내고 있다. 트위터나 페이스북은 웹에서 먼저 오픈했지만 스마트폰이 보급되면서 사용자가 폭발적으로 늘고 있다는 사실이 이에 대한 방증이다. 개인화의 속성이 모바일에서 훨씬 더 강력하게 작동하기 때문이다. 앞으로도 웹 환경은 존재하겠지만 모바일에 훨씬 더 무게가 실릴 것이다. 전 세계에서 페이스북 계정은 1초에 8개, 트위터 계정은 2~3개가 새로 등록된다고 한다.

특히 '개인'은 인문학과 밀접한 관계가 있다. 개인화individualization는 또한 현대 사회의 거대한 트렌드이기도 하다. 우리 시대의 큰 흐름은 세계화와 개인화라는 두 축을 중심으로 이루어지고 있다.

여기서 잠시 '개인적'이라는 말을 설명해야 할 필요를 느낀다. 우리말로 '개인적'이라고 번역되는 영어 원문은 individual 혹은 personal이다. 개인화가 민주주의의 기초라거나, 근대적 개인은 르네상스 시대에 생겨났다거나, 라고 말할 때의 개인은 individual이다. 좀 더 물리적이고 사회적인 개체성을 의미한다. 그런데 한 사람의 내면적 자아와 관계가 있는 좀 더 사적私的인 개인성을 말할 때 그것은 personal이다. 또 한편, individual은 사람만이 아니라 물체도 지칭하지만personal은 사람만을 지칭한다. 그래서 개인 컴퓨터PC는 individual computer가 아니라 personal computer가 되는 것이다. 만일 individual computer라고 말한다면 그것은 '개인 소유물의 컴퓨터'라는 뜻이 아니라 '개별적인 컴퓨터 기계'를 뜻하게 되기 때문이다. 따라서 우리의 '개인화' 논의도 individual과 personal을 아우르거나 혼동하는 해석이 될 것이다.

개인의 탄생

'개별적인 인간'이라는 생물학적 뜻으로 본다면 인류가 탄생했을 때부터 개인은 개인이었을 것이다. 모든 사회는 개인들로 구성되어 있다. 인간이 인간인 이래로 그들은 서로 알아보고 스스로를 상대와 구별했다. 그러나 이런 단순한 물리적 차이를 우리는 개인이라고 부르지 않는다. 특정 역사와 사회 속에서 각자가 자신에게 고유한 성격을 부여하고 각기 자신의 정체성을 확보할 때, 즉 자신을 개인으로 간주하고 개인으로서 행동할 때, 그 개체적 인간을 우리는 '개인'이라고 부른다. 그런 의미에서 개인의 출현은 그 역사가 매우 일천日淺하다.

인류 역사상 언제부터 개인이 나타났는지를 발견하려면 유일하게 남아있는 흔적인 문학과 미술에 의거할 수밖에 없다. 츠베탕 토도로프 Tzvetan Todorov (1939~)의 『개인의 탄생』이 좋은 길잡이 역할을 한다. 태곳적 인류에서부터 현대에 이르기까지 문학과 미술에서의 개인의 모습을 살펴본 그는 '개인'이 먼 옛날부터 언제나 가치를 부여받고 이야기나 이미지 속에 재현되어 있지는 않았다고 말한다.

우선 개인이란 타인과 구별되는 자기만의 개별적인 특징을 갖고 있

『개인의 탄생』
츠베탕 토도로프의 개인의 탄생

는 사람이다. 그렇다면 개인의 모습을 재현하기 위해 화가는 다른 사람과 그를 구별시켜주는 독특한 특징들 그림 속에 되살려내야 된다. 선사시대의 암벽화를 보자. 동그라미 밑에 다섯 개의 짤막한 선線이 몸통과 두 팔 두 다리를 대신한다. 이처럼 사람의 모습이 단순한 실루엣으로 표현되어 있는 선사시대 예술에는 개개인의 특징이 없다. 그러므로 암벽화를 그린 선사시대에 개인은 없었다고 우리는 자신 있게 말할 수 있다.

이집트나 크레타 같은 고대 사회로 오면 그림에 개인의 모습이 나타난다. 그러나 이 경우 그림에 재현된 것이 개인이라고는 역시 말하기 어렵다. BC. 16~11세기경 이집트 고분 벽화의 인물들은 서로 각기 다르게 그려져 있지만 개인 한 사람만의 특징이라기보다는 차라리 추상적 속성의 표현처럼 보인다. 예를 들면 뚱뚱한 여자, 장난기 있는 무희, 흑인 노예 등의 분류적 특징이 그려져 있는 것이다. 화가는 그 개인들을 통해 비만, 장난기, 이국정서를 표현했을 뿐이다.

파라오의 초상도 마찬가지다. 고유명사로 정체성이 밝혀져 있기는 하지만 이 이미지들은 개인의 차이점들을 강조하고 있지 않다. 더구나 이 그림들은 인간에게 보여주기 위한 것이 아니라 신에게 보이기 위해 그려진 것이다. 모델들은 그들이 살고 있는 세계에서 빠져 나와 초월적이고 비물질적인 도상圖像이 되었다.

BC. 3~1세기로 내려오면 이집트 초상화들의 개인적 특성화가 상당히 진전된다. 그러나 아직도 그것은 미라를 덮는 수의壽衣 위에 꿰매어진 그림일 뿐이다. 여전히 신을 향한 그림이지 동시대의 인간을 향한 그림은 아니다. 그가 지상에서 어떤 생활을 했는지, 물건들과는 어떤 관계를 맺고 있었는지, 그의 집과 주변은 어떠했는지 우리는 도통 알 수 없다. 장소를 나타내는 배경이 없기 때문이다. 이처럼 장례용으로 제작된 초상화가 대부분이지만, 궁전 혹은 공공장소에 놓이기 위해 만들어진 파라오의 조각들도 있다. 그러나 이것도 인간이라기보다는 인간과 신의 한 중간쯤에 위치하는 존재들이다.

그리스의 회화 작품들은 남아있는 것이 없지만 문헌에서 그것을 묘사한 부분을 살펴보면 역시 개인이 재현되었다고 말하기는 어렵다. 왜냐하면 그것들은 우선 기념비적 기능을 수행하는 것이었기 때문이다. 비록 죽은 다음이기는 하지만 한 개인이 재현되었고 그 이미지는 고인의 가족들 혹은 친구들을 위한 것이었다. 즉 이집트의 초상화와는 달리 살아있는 사람들에게 보여주기 위한 것이었으며, 그 수신자는 이제 인간이 되었다. 그럼에도 그들을 개인이라 부를 수는 없다. 그들은 여전히 자기들이 살았던 구체적 세계에서 뽑혀져 나온 사자死者이기 때문이다.

고대 그리스 회화의 또 하나의 기능은 영예를 기리는 기능이었다. 국가의 수장首長이나 여러 분야에서 두각을 나타낸 인물들, 시인, 웅변가, 철학자, 전사들이 초상화로 그려졌다. 호메로스, 소크라테스 등의 흉상과 초상화도 남아 있다. 그러나 여기서 재현된 것은 개인이 아니라 시인, 현자, 정치인으로서의 그들의 업적의 뛰어남이다. 더구나 그것들은 모델이 죽은지 수세기가 지난 후에 만들어진 것이어서 애당초 닮음은 문제가 되지 않았다. 그 추상들은 유일무이한 개별적 한 개인이라기보다는 하나의 추상적 속성을 표현하고 있다. 그리스의 초상화도 역시 탈개인화되어 있는 것이다.

▎서구회화에서 개인이 그려진 첫번째 회화로 일컬어지는 폼페이의 테렌티우스 네오 초상화.

로마 시대에 이르러 드디어 우리가 사용하는 뜻 그대로의 개인이 그림에서 재현된다. 베수비오 화산의 폭발 덕분에 그대로 보존된 제빵업자 테렌티우스 네오 부부의 초상화가 그것이다. 제빵업자이고 폼페이에 빌라를 소유하고 있던 테렌티우스 네오와 그의 아내의 초상화는 그들의 집 어느 한 방의 벽에 그려져 있다. 이 초상화는 그들 자신을 위해 또는 그들과 가까운 사람들을 위해 그려진 것이다.

　　두 인물은 왕도 아니었고, 이집트의 파라오처럼 반은 신이고 반은 인간인 사람도 아니었다. 그들은 화가에게 그림 값을 지불할 수 있을 만큼의 부자였을 뿐이다. 그들의 손에는 일상적으로 사용되는 물건들이 들려져 있다. 남자의 양처럼 순박한 눈매, 여자의 맑은 눈동자와 날렵한 볼 선이 그대로 드러난 개인적 특징 때문에 길거리에 나가면 만날 수 있을 것처럼 친숙하다. 서양 역사에서 개인이 본격적으로 개화하기 시작한 것은 아마도 이 초상화가 그려진 A.D. 1세기 전후인 듯하다. 플로베르가 1861년 주네뜨 부인에게 보낸 편지에서 "신들은 이제 더 이상 존재하지 않았고, 그리스도는 아직 오지 않았으므로, 키케로에서 마르쿠스 아우렐리우스에 이르는 시기에 오직 인간만이 존재했던 시간이 있었다"라고 말한 바로 그 시기였다.

　　이처럼 로마 시대에 처음으로 등장했던 개인은 중세 기독교 시대에 다시 사라지게 된다. 물론 인간은 누구나 직접적으로 신의 메시지를 받을 수 있는 존재이므로 기독교는 개인을 강조했다. 그러나 이 개인화는 오직 신과의 관계 속에서만 중요했다. 그 교리가 인간을 사랑할 것을 가르친 것은 사실이었지만 인간에 대한 사랑은 신을 사랑하는 하나의 방편일 뿐이었다. 그리고 그것은 반드시 사용하여야만 되는 필수적인 방편도 아니었다. 굳이 인간을 사랑하지 않고도 폐쇄된 수도원 속에서 신과 대면하면 구원을 얻을 수 있었다. 중세 그리스도의 왕국은 이 세상에 속해 있지 않았다.

교리가 회화적 재현을 간섭하기 시작한 것은 4세기, 기독교가 국가의 공식 종교가 되면서부터이다. 우선 교황제도의 성립과 더불어 신과 개인과의 직접적 관계가 빛을 잃었다. 신에게 직접적으로 말하는 대신 개인은 이제 교회의 중개를 거쳐야만 했다. 육체가 정신에 종속되고, 지상의 세계가 천상의 신적 질서에 종속되는 변화도 일어났다. 육체는 사탄에 속하는 것이고 영혼은 주님에 속하는 것이라고 바울은 말했다. 결국 오로지 신적인 것만이 향유할 가치가 있고, 차안此岸의 물질적인 세계는 우리가 일시적으로 머무는 하찮은 곳이 되었다.

그래서 우리는 개인들에 너무 집착해서는 안 된다고 그레그와르 드 니장스는 경고했다. 그것은 창조자에게 돌려야 할 영광을 피창조물에게 돌리는 결과가 되기 때문이다. 이런 상황에서 가시적 세계에 대한 지속적 관심은 의심의 눈초리를 받을 수밖에 없다. 따라서 회화는 영예로운 것이 될 수 없었고, 개인들 자체도 가치를 지닐 수 없었다. 신적인 것의 이미지화를 완강히 거부하는 우상파괴주의는 이렇게 해서 생겨났다.

그러나 또 한편 기독교는 인간을 버리고 오로지 전적으로 신의 찬양에만 매달려 있을 수는 없었다. 육체를 무시하고 전적으로 정신만 우대할 수도 없었다. 신은 그의 형상대로 인간을 만들었고, 예수 자신도 신이 육화한 인간이었기 때문이다. 그리하여 우상파괴주의를 이교異教 전통으로 강력하게 매도하는 현상이 일어났고, 가시적 재현은 그대로 보존되었다. 그러나 이미지가 의미에 종속되는 현상이 나타난다. 교황 대大 그레고리는 서기 600년에 "그림은 글자를 모르는 사람들의 독서다"라고 선언한다. 아직 신도의 대다수가 글을 몰랐으므로 이미지를 통해 그들에게 기독교 교리를 전파시켜야 한다는 것이다. 결국 미술은 서사적敍事的 의미를 전달하기 위한 수단에 불과하게 된 것이다.

채색 삽화는 이미지가 의미에 종속되지 않는 새로운 회화 양식이었다. 풍경을 바라보고 지각하는 것은 다름 아닌 개인들이므로, 풍경을 보여준다는 것 자체가 개인을 보여주는 것이다.

(왼쪽 그림) 베리공의 아주 호화로운 기도서 2월_ 불 앞에서 몸을 녹이는 농부들과 눈으로 덮인 집을 보여주고 있다.

(오른쪽 그림) 베리공의 아주 호화로운 기도서 10월_ 까치와 까마귀가 이삭을 쪼아 먹고, 행인들이 궁전 앞에서 수다를 떨고 있으며, 배가 강둑으로 다가오고 있다.

르네상스와 개인

흔히 르네상스는 개인이 탄생한 시대로 일컬어진다. 개인은 르네상스적 인문주의의 한 표지이다. 르네상스 시대에 부흥된 인문주의는 특정 이데올로기 혹은 종교에 종속되어 있지 않은, 있는 그대로의 인간에 관심이 있었다. 15~6세기의 조형예술이나 문학, 음악들은 개인이라는 새로운 유형이 나타났음을 알리고 있다. 폼페이의 제빵업자 이후 개인이 그림 속에 처음 등장한 것은 14세기 말과 15세기 초에 나온 수사본手寫本의 채색 삽화에서였다. 개인적 소장 목적으로 돈을 내고 주문해서 그린 채색 삽화는 교회 혹은 궁전의 회화와 비교할 때 전통적 규칙에서 훨씬 더 벗어나 있었다.

예컨대 「베리 공☆의 아주 호화로운 기도서」의 채색 삽화는 이미지가 의미에 종속되지 않는 새로운 회화 양식을 보여준다. 기도서 '2월'의 삽화에는 불 앞에서 몸을 녹이는 농부들과 눈으로 덮인 집을 보여주고 있는데, 이것은 농부들과 눈❄이 어떤 신학적 의미를 지니고 있어서가 아니다. 다만 한 해의 그 시점에 그 고장에서 그런 광경이 목격되었기 때문이다. 이미지는 있는 것을 그대로 보여주고 있다.

베리 공의
아주 호화로운 기도서

'10월'의 삽화에서는 까치와 까마귀가 이삭을 쪼아 먹고, 행인들이 궁전 앞에서 수다를 떨고 있으며, 배가 강둑으로 다가오고 있다. 이 풍경 역시 교리를 좀 더 잘 보여주기 위해서가 아니라 그 시대, 그 곳의 사람들의 모습을 무심히 보여주다 보니 그렇게 된 것이다. 이런 풍경을 바라보고 지각하는 것은 다름 아닌 개인들이므로, 풍경을 보여준다는 것 자체가 개인을 보여주는 것이기도 하다.

신적인 본질은 추상적이고 영원하다. 그러나 인간의 감각은 시간 속에 자리 잡고 있다. 이 시대의 채색 삽화들이 발견한 것이 바로 시간의 흔적들이었다. 기도서에는 한 해의 순환 뿐 아니라 하루하루의 순환 과정이 나타나 있다. 화가들은 있는 그대로의 대상 그 자체를 재현했을 뿐 아니라 그것이 하루의 시간대에 따라 일정한 빛에 의해 변화하는 모습까지도 재현했다. 여기에 인생의 순환과정도 덧붙여졌다. 이때까지 비시간적 관념으로 보여주던 이상적 연령의 인물 대신 주름살과 시련의 흔적을 지닌 얼굴들이 나타났다.

이 시대의 그림 속에 움직이는 사람들이 많이 들어와 있는 것도 시간의 흐름이라는 관념과 무관치 않다. 시간 속에는 필연적으로 움직이는 몸짓들이 있기 때문이다. 그리하여 발이 땅에서 들어 올려졌다가 다시 땅에 닿기 직전의 한 순간이 그려지고, 유럽 회화 역사상 아마도 첫번째일 미소가 그려지기도 한다. 미소란 오로지 한 순간만 지속되는 가장 일시적인 상태의 움직임이다.

예수, 마리아, 성인들도 본질의 화신이 아니라 특수한 개인들로 재현된다. 하늘에서 영원히 군림하고 있는 예수가 아니라 탄생, 어린 시절과 같은 삶의 가장 인간적인 순간을 보여준다. 예컨대 산파가 물의 온도가 알맞는지 보려고 물통 속의 물을 만지고 있는 것이 보이고, 예수를 위해 수프를 데우거나 옷을 짓는 요셉이 나오기도 한다. 진정한 풍속화의 장면들이다.

이제 당당한 개인으로서의 화가가 등장한다. 14세기부터 채색 삽화 화가들은 옆 페이지에 자신의 이름을 표시하기 시작한다. 14세기 말에 인간세계가 급격하게 회화 속으로 침투해 들어온다. 15세기 초부터 시작된 원근법은 화가가 —따라서 감상자가— 공간 속의 한 특정한 지점에 있다는 것을 말해 준다. 즉 그가 세계를 보는 것은 오로지 부분적인 관점일 뿐이라는 것을 보여주는 재현의 방식이다. 이 화가의 관점은 감상자의 관점이기도 하다. 왜냐하면 관람객의 자리는 바로 화가가 그 그림을 그렸던 그 자리이기 때문이다.

화가의 개인성은 15세기에 얀 반 에이크Jan van Eyck의 작품에서 가장 두드러진다. 그는 자신의 그림에 서명하고 가끔 액자에 좌우명을

┃반 에이크의 「아르놀피니의 결혼」 화가의 개인성은 15세기에 얀 반 에이크의 작품에서 가장 두드러진
다. 그는 자신의 그림에 서명하고 가끔 액자에 좌우명을 적어 넣거나 혹은 그림 내부에 있는 물체와 거울
에 비친 자기 자신을 재현했다.

적어 넣거나 혹은 그림 내부에 있는 물체와 거울에 비친 자기 자신을 재현했다. 그는 자기 부인과 몇몇 귀족들, 그리고 브뤼헤에 자리 잡은 이탈리아 상인과 같은 개인들의 초상화를 그렸다. 자화상도 하나 그렸다. 그가 그린 아담과 이브는 당시 이웃의 평범한 인간들처럼 보인다. 디테일에 대한 묘사가 뛰어나 개의 아주 작은 털 하나하나까지, 또는 과일 껍질에 반사된 아주 미세한 빛까지 표현하고 있다.

이렇게 개인들은 15세기 중반부터 회화적 재현 속으로 대거 몰려들어왔고, 19세기 말까지 회화적 공간을 떠나지 않았다. 우리 조선 시대의 전통 회화에서 왜 한국 사람의 모습은 없고 중국의 신선과 중국의 차 끓이는 동자童子만 등장하는지, 왜 한국의 산하는 없고 중국의 촉잔蜀棧이나 소상팔경瀟湘八景만 있는지를 이제야 이해하겠다. 우리의 조선 시대에는 개인이 없었던 것이다. 겸재謙齋, 단원檀園, 혜원蕙園에서 어슴푸레하게 개인이 떠올랐고, 식민지 이후에야 비로소 개인이 탄생한 것이다.

회화는 회화일 뿐 인간의 삶은 다르지 않았겠느냐고 말할 수도 있겠다. 그러나 회화는 구체적 삶에서 동떨어졌건, 실제 생활을 그대로 재현하건 간에 언제나 적극적으로 사유의 역사에 참여하는 예술 양식이다. 회화는 다른 분야에서 표현된 사상들을 쫓아갈 필요도 없이 그 자체로 사유한다. 반 에이크는 에라스무스를 100년 앞질렀다고 토도로프는 말한다.

여하튼 서양의 15세기 전반기에는 커다란 역사적 단절이 발생했다. 그것은 개인이 없던 시대와 개인을 발견한 시대를 가르는 깊은 단절이다. 유럽의 북부, 플랑드르, 부르고뉴, 그리고 프랑스에서 생겨난 이 역사적 단절이 소위 르네상스의 문화사적 의미이다. 그러니까 역사상 개인이 탄생한 것은 과거에 신적이었던 것이 점차 인간화 되던 르네상스 시대부터였다. 자신을 그리스도의 모습으로 그린 1500년의 뒤러의

자화상에서 우리는 그 극명한 증거를 볼 수 있다.

　그러나 르네상스적 인본주의에서 개인의 새로운 유형이 나타났다는 일반적인 인식과 달리 토도로프는 르네상스적 개인의 발견이 개인의 승리를 의미하지는 않는다고 말한다. 이 시대 화가들은 각기 개성이 있었다기 보다는 모두 비슷한 사고방식을 가지고 있었고, 세계를 해석하는 코드도 동일했으며, 기독교 교리라는 큰 테두리를 벗어나지 못했다는 것이다. 재현의 대상이나 몸짓에 부여하는 규범적 의미도 똑같았다. 그러므로 르네상스 시대 회화의 인본주의를 개인주의라고 말하기는 주저된다는 것이 그의 생각이다. 진정한 의미에서의 개인의 탄생은 아무래도 근대까지 기다려야 할 모양이다.

전근대 사회

　근대 이전의 사회는 계급사회였다. 사람들의 사회적 위치는 근원적으로 태생이 결정했으며, 이 원칙들은 아주 자연스럽고도 본질적인 것으로 간주되었다. 인간은 누구나 자신의 출생에 따라 계급, 종교, 성, 민족, 가족, 집단, 종족, 국가의 일원으로 행동하고 자신을 드러내도록 고무되었다. 누구나 자신이 대표하는 집단의 기준에 합당하게 처신하고, 자신의 계급에 따라 행동해야 했다. 따라서 개인이란 본질적으로 '특수한' 개인이었다. 다시 말하면 개별적인 개인이 아니라 특수한 집단에 귀속된 존재로서의 개인이었다.

　'보편성' universal이라는 단어는 누구나 쉽게 이해하지만 그 반대 개념인 '개별성' singular이나 '특수성' particular은 동일한 것으로 오해하는 사람들이 많다. '개별성' 이나 '특수성' 이니 하는 것은 칸트의 판단형식에 관계된 논리학 용어다.

　우선 보편성은 전칭全稱판단, 특수성은 특칭特稱판단, 개별성은 단칭

單稱판단과 관계가 있다. '모든 S는 P이다' 라고 말하면 전칭판단이고, '어떤 S는 P이다' 라고 말하면 특칭판단이며, '이 S는 P이다' 라고 말하면 단칭판단이다. 그러니까 '모든' , '어떤' , '이' 라는 지시사가 '보편' , '특수' , '개별' 을 가르는 기준이 된다. '모든 어머니는 여자다' 라는 말에서 볼 수 있듯이 보편성은 어떤 부류 일체의 사물 혹은 인간에 공통적으로 들어있는 성질이다.

그런데 '어떤 여자는 어머니다' 라고 말한다면, 여자 '전부' 도 아니고, '이' 여자만도 아닌 어떤 부류의 여자들만이 '어머니다' 라는 것을 뜻한다. 이것이 특수성이다. 그러니까 특수성이란 어떤 부류의 사물 혹은 인간 중 일부에만 고유한 특성임을 알 수 있다. 쉽게 말하면 하나의 동질적 집단의 성질이다.

그러나 만일 '이 여자는 은행원이다' 라고 말한다면 이때의 '여자' 는 당연히 어느 한 개체의 여자를 지칭한다. 이것이 개별성이다.

여기서 우리는 특수성이 개별성과 보편성의 한 가운데에 위치한 집단적 소속 관계를 지시한다는 것을 알 수 있다. 계급 사회에서 모든 구성원들은 각기 특수한 존재이지, 개별적인 존재가 아니었다는 말이 이제 이해가 될 것이다. 모든 사람이 각자 자기 계급의 일원인 특수한 개인이었으므로, 그 시대에는 개인적인 '개인' 이란 없었다.

한 사회가 계급 사회로 될 수 있는 것은 그 사회 사람들이 계급적 질서를 자연스러운 질서로 받아들이기 때문이다. 하나의 질서가 자연스러운 것으로 보일 때 그것은 동시에 규범이 된다. 왜냐하면 그 질서는 사람들이 자신의 사회계급에 합당하게 살려면 어떻게 살아야 하는지, 어떻게 옷을 입고, 처신하고, 거주하고, 자신을 나타내야 하는지를 가르쳐 주고, 또 결혼, 자녀 교육, 장례 절차는 어떻게 해야 하는지, 이웃은 어떻게 돕고, 적들은 어떻게 대해야 하는지를 가르쳐 주기 때문이다.

위계질서가 한 사회의 원칙일 때 그 곳에서는 어떤 인간적 권위도, 어떤 인간적 권력도 법의 근원으로 인식되지 않는다. 권력은 보다 높은 곳에서 오는 것으로 인식되고, 그때부터 인간의 모든 권력은 초인간적, 초자연적, 신적 권력의 발현으로 간주된다.

전근대 국가에서 모든 권위가 신성화되어 있었던 것은 그런 이유 때문이었다. 신성한 것과 관련되어 있음을 암시해 주어야만 그 권위는 정당성을 얻었다. 권력은 광휘로 빛나고 위압적이어야 했다. 전근대의 모든 국가에서 권력이 호사스러운 의식, 화려한 예식, 군대의 열병식 등을 통해 자신의 힘을 과시했던 것은 신적인 것과의 관련성을 증명하기 위해서였다.

한편 이 시대에 가장 낮은 사회적 지위에 있는 사람들은 극단적인 경우 오로지 육체만을 지닌 존재가 되어 버린다. 출생에 의해 원칙적으로 죽도록 노동해야 할 운명에 처해있으므로 그들의 기능은 전적으로 육체적 임무를 완수하는 데 있다. 이미 그런 조건을 타고 났으므로 그들이 견디는 고통은 당연시 되고 정당화되었다.

이처럼 자신의 특수한 소속관계에 따라 생각하고 행동한다는 점에서, 즉 자신에게 정체성을 부여하는 소속 관계 속에 포함되어 있다는 점에서 전근대의 개인은 특수한 개인이었다. 요컨대 계급 사회는 구성원들의 개별화를 억압하고 은폐하는 경향이 있었다. 왜냐하면 모든 개별화는 비특수화를 전제로 하는 것이고, 개인화란 계급적 소속을 원천적으로 부인하는 것이기 때문이다.

근대적 개인의 탄생

어느 순간 너무나 자연스러운 것으로 여겨졌던 신분의 위계질서, 권위, 개인의 소속관계에 대한 집단적 반발이 일어났다. 사람들은 우선 모든 소속 관계에서 벗어났다. 그리고 매일 매일의 일상생활 속에서 타인을 자신과 동일한, 닮은 존재로 경험하게 되었다. 다시 말해 서로를 평등한 존재, 자율적인 존재로 간주하게 되었다. 이때부터 인간들은 진정한 개인이 되었다. 근대적 개인의 탄생이다. 근대적 의미의 개인이란 본질적으로 개별적인 존재, 즉 다른 아무 소속 관계없이 오로지 인간인 한에 있어서만 인간인 그러한 개인이다. 이때부터 '개인'이라는 말은 과거에 가져보지 못했던 전혀 새로운 의미를 띠게 되었다. 근대의 여명기에 태동한 이 새로운 인간관계가 바로 민주주의의 기원이다.

수도원 제도와 종교적 신비주의의 어떤 형태들이 개인을 탄생시키는데 도움을 주었다는 설도 있다. 은둔의 수도승들이 신과 직접 관계를 맺음으로써 결과적으로 지상의 위계질서를 파기했고, 거기서부터 근대적 개인이 싹트기 시작했다는 것이다. 인간 사회와 철저하게 격리된 수도원은 근본적으로 외부의 인간 세계와 절연했고, 그것은 결국 봉건 제도의 귀족 정치적 구조를 인정하지 않는 것이어서, 그 체제의 붕괴를 도왔다는 것이다. 루이 듀몽Louis Dumont이 『개인론』에서 한 얘기다.

전통 사회에서 개별화의 특권을 가진 것은 왕이나 왕족같은 예외적으로 우월한 존재들뿐이었다. 그들의 개별적 행위는 우월성, 미덕, 범상하지 않은 영혼, 개인적 고귀성을 증명하는 것으로 칭송되었다. 반면에 하층 계급의 보통 사람이 개별화되는 것은 상궤를 벗어난 사악한 행동을 할 경우뿐이다. 그것은 언제나 타락한 영혼, 혹은 퇴폐를 증명하는 수단이었다.

그래서 푸코는 근대의 개인화를 매우 부정적으로 본다. 학교에서 학생들에게 시행하는 시험이나 병원에서 의사가 환자를 진단하는 것이 모두 개인화된 데이터로 기록되어 평생 한 개인을 따라 다니는데,

그것이 사람을 통제하는 권력의 가장 유효한 수단이라는 것이다. 푸코가 지식에 기반한 근대의 규율 권력을 논하면서 이름 붙였던 소위 앎-권력의 핵심적인 수단이 바로 개인화다.

푸코에 대한 저자의
또다른 글들.

근대 이후 민주적인 사회가 되어서야 개별화는 모든 사람에게 고루 적용되었다. 악에 있어서나 선에 있어서나 개별화는 예외적인 소수에게 한정되어 있지 않았다. 즉 상층의 인간도 타락한 행동을 할 수 있고, 하층의 인간도 고귀한 행동을 할 수 있다는 것을 사람들은 깨달았다. 개별화의 보편성이랄까, 여하튼 보편적인 것과 개별적인 것의 기이한 융합이다. 인간의 본질은 모든 소속 관계에서 자유롭고, 모든 기능에 앞서 있고, 모든 분류에서 벗어나 있다는, 말 그대로의 인본주의 사상이다.

전근대의 어떤 사회도 인간이 인간인 한 자유롭다는 평등의 원칙을 알지 못했다. 위계적 원칙에 기반을 두고 있던 그 사회들에서는 타율성의 원칙, 태생적인 불평등의 원칙이 지배하고 있었다. 개인은 태어나면서부터 본성적으로 자신의 운명을 결정할 권리를 지녔다는 것, 개인으로서의 권리는 모든 인간 존재에게 천부적으로 주어져 있다는 것, 혹은 인간은 인간으로서 자유롭다는 사상은 헤겔, 마르크스, 토크빌이 강조했듯이 근대에 와서야 사회 전체에 전파되었다.

고대 희랍의 도시 국가에도 물론 민주주의는 있었다. 자율성의 원칙이 지배했고, 시민들은 모두 평등했으며, 각자가 다른 시민으로부터 원칙적으로 독립해 있었다. 그러나 고대 도시의 시민들이 스스로를 평등한 존재로, 또는 자율적이고 독립적인 개인으로 간주한 것은 시민으로서이지 인간으로서가 아니었다. 시민이 아닌 노예와 이방인은 이러한 원칙에서 제외되어 있었다. 이것이 고대와 근대의 차이점이다. '개인'이란 그러므로 근대적 개념이다.

근대인은 세계와 인간을 새롭게 바라보기 시작했고, 이 새로운 경험이 중세를 지배하던 신학적 표상들을 변질시키거나 붕괴시켰다. 개인의 발달은 인본주의 사상을 꽃피웠고, 과학과 기술을 비약적으로 발전시켰다. 사람들은 자연 또는 피안의 세계와 새로운 관계를 맺게 되었으며, 결국 철학이 혁신되었다.

사물의 개별성

인간의 개별성이 '개인'이라면 사물의 개별성은 하나의 '개체'일 것이다. individual은 '개인'도 되고 '개체'도 되므로 사물의 개별성을 한 번 생각해 보자. 인간이 '개인'이 되는 것은 특정의 역사와 문화 속에서 자립성과 자율성을 갖추었을 때였다. 그렇다면 사물은 언제 '개체'가 되는가? 후설의 현상학이 우리에게 도움을 준다.

후설에 의하면 하나의 대상이 개체화하는 것은 그것이 놓인 배경에서 그것이 분리되면서부터이다. 내가 내 앞에 놓여있는 꽃병을 꽃병이라고 지각하는 것은 꽃병이 놓인 탁자 혹은 그 뒤의 줄무늬 벽지에서부터 꽃병을 분리하는 순간이다. 대상은 하나의 배경에서 자신을 드러내고, 하나의 사태에서 자신을 분리시킬 때 개체가 된다. 그러므로 내가 이 방에 들어오기 전에, 다시 말해 나의 이런 지각현상이 있기 전에 이 방 안의 모든 대상들은 우선 하나의 전체, 하나의 사태, 하나의 형세일 뿐이었다. 그러므로 하나의 물체가 개체화되는 것은 나의 실천적 세계 속에서이다.

특이한 것은, 개체화된 하나의 대상이 이미 하나의 의미를 지니고 있다는 점이다. 선행적인 의미를 지니고 있지 않았다면 그것은 내게 인식될 수 없었다. 더 자세히 생각해 보자. 내 앞에 놓여있는 가구를 시선으로 고정시키는 순간, 그것은 그것을 둘러싼 다른 대상들을 하얗게 지우고 자신만을 드러내는데, 그때 나는 그것이 조선시대 양식의 반닫이라는 것을 알게 된다. 그 대상은 조선시대 목가구라는 개체가 된 것이다. 다시 말하면 '반닫이는 이런 양식이다' 라는 것을 내가 이미 알고 있었기 때문에 나는 즉각 그것을 반닫이로 개체화한 것이다. 그러니까 우리가 대상을 지각하거나 혹은 인식할 때 그 대상은 결코 헐벗은 상태로 있는 것이 아니다. 우리가 뭔가를 인식한다는 것은 이미 그것에 어떤 의미가 부여되어 있었다는 얘기이다. '내가 너를 꽃이라고 불렀을 때 네가 내게 와 꽃이 된 것' 이 아니라 '이미 네가 꽃이었기 때문에 나는 너를 꽃이라고 불렀던 것' 이다. '아는 만큼 보인다' 라는 곰브리치의 경구도 이미 내게 의미가 형성되어 있는 대상만이 나에게 지각된다는 말에 다름 아니다.

개체화된 대상은 언제나 이처럼 하나의 의미를 가지고 있다. 미리 부여받은 의미가 없는 대상 혹은 소여所與란 없다. 차라리 이미 의미가 있기 때문에 그 대상이 우리의 지각에 주어진다고 말하는 것이 옳다. 그러니까 의미는 개체화에 앞서 있다. 하나의 대상은 개체화된 대상으로 파악되는 순간 그것이 지니고 있는 일반적 의미와 더불어서 나타난다.

예컨대 꽃 한 송이를 보고 '이것은 장미꽃이야' 라고 개체화하는 순간 '장미꽃은 향기가 좋지' 라는 일반적인 의미가 거기에 덧붙여 나타난다. 그리하여 그 일반적 의미가 대상의 개별성을 함몰시키려 한다. 이 한 송이의 장미꽃 너머로 나는 세상의 모든 장미꽃을 인식하고 있기 때문이다. 한 송이 장미꽃의 개별성은 그것을 장미꽃으로서 나타나게 하는 표상 너머로 사라진다.

칸트도 취미판단은 개별적 사물에 대한 단칭 판단이지만 그것은 곧 그 사물의 개념으로 수렴되어 결국 보편적 판단이 된다고 말했다. 그러므로 대상에 대한 모든 인식은 이미 하나의 분류이다. 인지된 대상은 그것이 암묵리에 분류되는 순간 비개별화되고, 같은 부류에 속하는 다른 모든 대상들과 동화된다. 나는 개별적인 특정의 연필 한 자루를 보고 있는 것 같지만 실은 세상의 모든 연필 중의 한 표본을 보고 있을 따름이다. 그렇다면 대상의 개별성은 더 이상 없다는 이야기가 된다.

개체화된 대상은 그것을 지각하는 시선이 하나의 개념에 의해 인도되는 까닭에 그것의 개별성을 지워버린다. 내 눈앞에 나타나는 이 붉은 색은 그것이 나에게 '붉은 색처럼' 나타날 때 이미 개별적인 감각이 아니다. 내가 거기서 붉은 색을 알아보는 순간 내가 인지하는 것은 하나의 붉은색일 뿐이다. 전前개념적인 경험은 우리에게 불가능한 것처럼 보인다. 후설Edmund Husserl이 『논리적 탐구』에서 모든 '개별성은 보편성이다' 라고 말했던 의미가 그것이다.

인간도 마찬가지다. 한 인간이 그의 사회적 신분을 지니고 공동체의 일원으로 나타날 때 그는 이미 하나의 전체적 맥락 속에서 의미를 띤 이런 혹은 저런 존재이다. 물체처럼 인간도, 그가 개체로 나타나는 것은 오로지 이미 하나의 맥락 속에 놓여 있을 때, 즉 아직 비개별화되었을 때뿐이라고 말할 수 있겠다. 즉 부모, 외국인, 친구, 적으로, 혹은 행인, 여자, 남자, 어른, 노인, 어린아이로, 또는 협력자, 경쟁자 같은 추상적 개체로서만 우리는 타인을 인지하는 것이다. 조제프 드 메스트르Joseph Marie de Maistre가 말했듯이 오로지 인간일 뿐인 인간은 이미 인간이 아니라고까지 말할 수 있다. 그렇다면 인간의 진보가 그토록 힘들여 쟁취한 '개인' 이 실체 없는 공허한 개념에 불과했던 것인가? 좀 더 생각해 보아야 할 문제이다.

문학에서의 개인

문학에서 처음으로 등장한 개인은 다니엘 데포Daniel Defoe(1660~

1731)의 로빈슨 크루소다. 이 소설은
시종일관, 일정한 시간과 공간 속에
위치해 있는 한 특정한 인간의 삶에
관한 사실적 이야기이기 때문이다.
몽테뉴Michel Eyquem de Montaigne도
『수상록』을 통해 한 특정한 인간의
삶에 관한 사실직 이야기를 보여주었
지만, 그것은 소설이 아니라 자서전이
이었다. 그러므로 문학에서 개인주의

▌소설 『로빈슨 크루소』의 삽화_ 문학에서 개인주의가 온전
히 드러난 것은 데포의 로빈슨 크루소에서부터였다.

가 온전히 드러난 것은 데포와 더불어서였다. 자서전과 허구 문학 사
이에 2세기 가까운 시차가 있었던 셈이다.

이 소설은 평범한 한 인간의 일상적 행동들이 지속적인 관심의 대
상이 되어 훌륭한 문학적 소재가 될 수 있다는 것을 보여준 첫번째 작
품이기도 하다. 여기서 개인은 두 개의 차원으로 정의된다. 즉 물질적
으로는 사회와 완전히 고립된 개별적 인간이지만, 정신적으로는 자기
가 소속된 사회의 종교적 가치를 철저하게 구현하고 있는 개인이다.

우선 무인도에 고립된 개인으로서의 로빈슨은 존 로크의 자연 상태
이론을 거꾸로 경험한다. 우연히 타고 가던 배가 난파되어 가족과 조
국을 잃었고, 모든 사회적 전통적 유대에서 단절되었다. 오로지 살아
남기 위해 필요한 것을 스스로 조달해야 하는 순수한 의미에서의 경제
적 인간, 즉 '호모 에코노미쿠스'가 되었다. 그러나 이렇게 모든 사회
화 과정에서 멀리 떨어져 있음에도 불구하고 그는 철저하게 자기를 제
어하고 자신의 내면성을 존중함으로써 멀리 두고 온 조국의 정신적 가
치인 청교도적 개인주의의 미덕을 보여준다. 루소Jean-Jacques
Rousseau가 『에밀』에서 이 책을 필독서로 추천했던 이유가 바로 그것
이었다.

데포와 리차드슨과 더불어 태어난 사실주의 소설이 18, 19세기 내내 주로 영국에서 강세를 보였는데, 영국은 로크의 영향이 데카르트의 영향보다 강했고, 경험주의적 요소가 합리주의적 요소보다 우세한 나라였기 때문일 것이다.

현대의 개인

앞에서 보았듯이 개인화된 생활양식은 르네상스기에서도, 중세의 궁정문화에서도, 프로테스탄티즘의 내향적 금욕주의에서도 발견된다. 봉건적 속박으로부터 노동자와 농민을 해방시켰다는 마르크시즘에서도 발견되고, 세대간의 가족 결속이 느슨해지던 19세기와 20세기 초에도 발견된다.

마르크시즘에서 말하는 개인화는 본질적으로 소유권 및 자본의 축적에서 비롯된 것이다. 엄청난 부를 축적하여 그 재산권을 지킬 필요성을 느낀 부르주아지는 봉건적 지배구조와 권위에 저항했고, 결국 프랑스 대혁명을 통해 그 체제를 무너뜨렸다. 18~19세기에 일어난 일이다.

마르크스Karl Marx는 가장 단호한 '개인화' 론자였다. 자본주의적 생산관계를 확립시키기 위해서는 우선 봉건적 관계에서 해방되어야 한다고 주장했는데, 봉건적 관계에서의 해방이란 개인화에 다름 아니었다. 근대에 들어와 중앙집권적 국가권력이 형성되었고, 그 결과 자본 축적이 일어났으며, 세밀한 분업과 시장관계의 망이 생겨났다. 증기기관, 기차, 자동차의 발명과 보급으로 사람들의 이동성은 용이해졌다. 그러자 대중 소비 현상이 일어났다. 이때 일어난 중요한 변화가 '개인화' 현상이다. 많은 사람들이 개인화를 해방과 결합시킨다. 산업 자본주의가 발전함에 따라 유례없는 해방이 시작되었다고 마르크스는 자주 강조했다. 그에게 있어서 개인화는 곧 계급의식의 형성을 의

미했고, 계급의식이란 지배 계급에 대항하는 피지배계급의 자기의식을 말한다.

마르크스가 말한대로 개인화가 기존의 사회적 형태와 속박을 제거해 준 것은 사실이다. 그러나 안정감의 측면에서 보면 개인화는 기존의 제도 안에서 누리던 전통적인 안정감의 상실을 의미한다. 사람들은 개인화 과정을 통해 전통, 가족, 이웃, 직업, 문화로부터 떨어져 나가게 되었으므로, 개인화란 결국 '뿌리 뽑히기'에 다름 아니었다.

그런 의미에서 현대의 개인화는 오히려 개인적 자율화를 불가능하게 만드는 측면이 있다. 개인은 전통적 속박과 부양 관계에서 풀려났지만 그 대신 노동시장 안에서 표준화되고 통제받는 존재가 되었다. 유행을 무시할 수 없으므로 소비자로서도 제약을 받고, 제도에 종속되어 있으므로 사회정책에서도 자유롭지 못하다. 예컨대 보육원에 맡길 수 있는 유아의 최소연령이 높아지면 많은 여성들이 노동시장에서 나와 집으로 돌아간다. 또 정년퇴임 연령을 낮추면 생물학적 노령과 상관없이 사회적 노령의 길이가 늘어나게 된다.

현대 사회에서 개인화는 삶의 모든 차원이 시장에 종속됨을 의미한다. 포스트모던 상황에서 개인화는 노동시장의 산물이다. 다양한 노동력을 획득하거나 제공하거나 또는 이용하는 가운데 개인화가 분명하게 드러난다. 소비행태는 시장이 정해주고, 정치적 견해는 대중매체가 정해준다. 비슷비슷한 아파트, 몇 개의 메이커에서 나오는 동일한 가구들, 대량 생산의 일상용품들을 소비하면서 사람들의 습관, 태도, 생활양식이 모두 표준화된다. 결국 현대의 개인화는 봉건시대의 가족적 환경에서는 찾아볼 수 없었던 외적 통제를 불러왔다.

텔레비전 역시 사람들을 하나하나 격려하는 동시에 모든 사람들을 동일하게 표준화한다. 전통적인 대화와 경험과 삶의 맥락들에서 사람들을 떼어 놓지만, 이렇게 개인화된 개인들은 동시에 모두 유사한 일상생활을 영위한다. 호놀룰루에서 모스크바와 싱가포르에 이르기까지 모든 사람들이 동일한 텔레비전 프로그램을 소비한다. 개인화, 더 정확히 말해서 전통적인 삶의 맥락에서의 이탈은 오히려 생활형태의 단일화와 표준화를 가져왔다. 모든 사람은 가족 내에서조차 서로 격리된 개별적 개인들이지만 동일한 모습의 거대한 대중을 형성하고 있다는 점에서 표준화된 집합적 존재라고 할 수 있다. 『위험사회』의 저자인 독일의 사회학자 울리히 벡Ulrich Beck은 이런 현대인의 모습을 '대중적 은자隱者들'이라고 칭했다. 각기 고립된 '은둔자'이지만 모두 비슷한 동질적 대중을 형성한다는 의미이다.

이처럼 현대의 개인들은 초문화적인 동시에 초국가적인 삶을 살고 있다. 세계 전역에서 매일 저녁 사람들은 텔레비전이라는 마을광장에 모여 동일한 뉴스를 소비한다. 그러나 이것만 해도 울리히 벡이 『위험사회』를 썼던 1986년의 이야기이다. 지금은 매순간 실시간으로 온 지구 사람들이 트위터나 페이스북 또는 유튜브로 먼 지역 사람들의 마음속에 직접 뚫고 들어간다. 제도적, 국가적 경계들도 더 이상 유효하지 않다. 매체를 통해 우리는 시공간 상으로 이중적인 삶을 살고 있다. 이곳에 있으면서 동시에 저 곳에 있고, 각자 홀로 있지만 뉴욕과 서울에서 뉴욕 필하모닉의 똑같은 연주회를 들을 수 있으며, 여기 편안히 앉아 저녁을 먹으면서 저 멀리 튀니지의 자스민 혁명을 지켜본다.

울리히 벡은 여성의 문제도 개인화의 관점에서 본다. 근대화는 농업 사회를 붕괴시켜 봉건적 조건을 해소했지만 동시에 새로운 봉건적 조건을 창출했으니, 그것이 바로 가정내에서의 남녀의 역할이라는 것이다.

19세기 산업주의의 승리로 전통 가족은 해체되어 핵가족이 되었다. 그리고 생산 노동과 가족 노동은 서로 대립되는 것으로 여겨졌다. 밖에 나가 월급 받고 하는 노동과 집안에서의 가사 노동이 분리된 것이다. 남편은 임노동賃勞動을 통해 돈을 벌어 가족을 부양했고, 여성은 육아와 가사에 전념함으로써 전형적인 남성과 여성의 역할이 확립되었다. 남성이 사회적 노동을 하는 것은 가족을 부양하기 위한 것이고, 여성이 집안일을 하는 것 역시 가족의 생존을 위한 것인데 어쩐지 남성의 사회적 노동만이 여성의 가사 노동보다 우월한 것으로 여겨졌다.

오늘날 이 가족형태가 다시 무너지고 있다. 여성이 노동시장으로 몰려들고 있는 것이다. 존 나이스비트가 말한 3F 시대가 여기서 접점을 찾는다.

현대는 또한 노동에 절대적 가치를 부여한다는 점에서 역사적으로 과거 어느 시대에서도 그 유례를 찾기 힘들다. 고대 그리스의 도시국가에서 노예들은 생존에 필요한 만큼의 노동을 했다. 그 노동의 결과는 일상의 욕구를 충족시키는 데에 모두 사용되어, 먹고 사는 것 이외에는 아무것도 남지 않았다. 한편 자유 시민들은 정치활동과 문화창조에만 몰두했다. 중세시대에도 노동의 분리는 엄격했다. 귀족들에게 노동은 비천한 것이었고, 하층민들에게나 어울리는 것이었다.

그러나 산업사회에 들어와 노동은 단순히 생명 유지에 필요한 노동이 아니라 인간 존재의 핵심적인 의미가 되었다. 아동기에 아이들은 이미 아버지를 통해, 어른이 되면 반드시 직업을 가져야 한다는 의식을 부지불식간에 체득한다. 모든 성인은 반드시 임노동을 해야 한다는 절대적 고정관념이 자리 잡게 된 것은 산업사회 이후의 현상이다. 오늘날 노년이 그토록 쓸쓸해 진 것은 노령이 곧 무직을 의미하기 때문이며, 무직이란 곧 사회적 생명의 박탈을 의미하기 때문이다. 그러므로 현대인은 나이와 상관없이 노동의 세계에서 방출될 때 노령이 시작된다. 생물학적 건강과는 무관하게 사람들이 스스로 늙었다고 느끼는 것은 더 이상 직업을 갖지 못하게 되었을 때이다.

서로 모르는 사람이 만나서 '댁은 어떤 분이십니까?' 라고 물으면 '애완견을 좋아하는 사람' 이라든가 '천주교 신자' 라고 대답하지 않고 분명한 직업을 들어서 '삼성 직원이요'라는 식으로 대답한다. 상대방의 직업을 알면 우리는 그를 안다고 생각한다. 직업은 서로의 신분을 확인할 수 있는 장치이며, 이를 통해 우리는 각자의 경제적, 사회적 위치와 함께 그의 욕구와 능력까지 평가한다. 기이하게도 그가 가진 직업과 그 사람을 동일시하는 것이다. 삶이 직업과 밀접하게 연결되어 있는 사회에서 직업은 한 인간의 소득, 지위, 언어구사능력, 사회적 접촉 범위 등의 핵심정보를 모두 함축하는 것으로 여겨진다.

극히 최근까지 가족과 직업은 근대인의 안전을 보장하는 두 개의 거대한 바퀴였다. 가장이 벌어오는 돈으로 주부가 마련하는 식탁은 가족 구성원의 삶에 내적 안정성을 제공해 주었다. 오늘날은 가족과 마찬가지로 직업도 예전에 가지고 있던 보장과 보호기능을 더 이상 갖고 있지 못하다. 핵가족은 붕괴되고, 평생 직장으로 상징되던 완전고용체계는 유연하고 다원화된 저고용체계로 전환되고 있다. 사람들은 산업시대에 시작되었던 삶의 내적 근간을 잃었다.

사람들이 스스로를 평등한 존재로 인식하고 자율적이고 독립적이기를 원하게 될 때 그들은 모든 소속 관계에서 벗어나 비특수화된다. 다시 말하면 '개인'이 된다. 이것이 근대의 계몽주의자들이 그토록 원했던 개인이다. 그러나 어디에도 포함되어 있지 않고, 그 무엇으로도 분류될 수 없는 개인은 필연적으로 고립된 개인이다. 정체성을 부여해 주는 차별적 기호들에서 벗어난 헐벗은 개인은 단지 동물이라는 종족의 일원으로 남아있게 될 뿐이다.

하나의 모나드이고 하나의 원자인데, 그렇다면 역설적으로 그것은 비인간화된 개인이 될 수밖에 없다. 예컨대 정년이나 실직으로 일체의 사회적 소속관계에서 벗어날 때, 사람들은 비특수화된 자신의 '개인성'을 축복으로 보는 것이 아니라 일종의 죽음의 경험으로 느끼게 된다. 헤겔이 강조했듯이 비특수화된 개인은 추상의 공허 속으로 사라질 위험이 있다. 현대적 개인화의 문제는 바로 이와 같은 고독한 '개인'의 정체성 상실의 문제이다.

포스트 포드주의와 개인의 자율성

한 사회에서 제품을 생산하는 방식은 노동의 방식을 결정할 뿐만 아니라 물건을 구매하는 양식도 결정하고, 더 나아가 사람들의 생각과 생활 방식까지 바꿔놓는다. 가령 대장간에서 대장장이가 쇠를 불에 녹여 칼을 만들던 시대, 또는 허름한 개인 공장에서 금형으로 주물을 떠내던 시대의 생활방식과 로보트가 자동차를 만들고 있는 현대의 라이프스타일이 똑같을 것이라고는 도저히 생각할 수 없다.

그런 의미에서 20세기에 사람들의 의식을 두 번이나 근본적으로 뒤흔든 것은 자동차 산업이었다. 자동차가 생산되고 널리 보급되기 시작한 것 자체가 우선 엄청난 지각 변동이었다. 두 번째는 미국의 자동차 재벌 헨리 포드Henry Ford (1863~1947)가 생산 방식으로 채택하여 놀라운 성공을 거둔 포드주의Fordism의 충격이었다. 포드주의는 산업 형태의 흐름을 농업에서 공업으로 전환시켰고, 대규모 공장에서 제품을 대량 생산함으로써 대량소비 시대를 열었다.

미국식 자본주의의 대표적 형식이고, 컨베이어 벨트로 상징되는 포드주의는 각각의 사람들이 분업 체계 속에서 하나의 톱니바퀴처럼 움직이는 생산체제이다. 생산품을 표준화하고, 컨베이어 조립 라인을 만들어 일관된 작업을 하고, 비숙련 노동을 잘게 세분화함으로써 높은 생산성이 구현되었다. 포드주의가 모델로 삼았던 테일러리즘이 기계와 노동자의 효율성을 추구했다면 포드주의는 그것들을 하나의 단위로 조합하여 비용을 극소화했다. 과거의 수공 제작 방식이 대량 생산으로 전환되었다.

노동 강도는 강화되었고, 이로 인해 시간당 생산량이 급격하게 증대하여 종전의 하루 10시간 노동이 8시간 노동제로 바뀌었다. 노동 강도를 보상하기 위해 기업은 노동자들에게 상대적으로 고임금을 지불했다. 그러자 늘어난 시간과 금전적인 여유로 노동자가 대거 소비에 참여했고, 대량 생산에 의한 제품 가격의 하락, 광고에 의한 소비자 욕구의 자극, 신용credit 판매라는 인센티브 등이 복합적으로 작용하여 대량 소비 현상이 일어났다. 그러니까 포드주의란 단순히 제품 생산의 방식이 아니다. 그것은 2차 세계대전 이후 사회적 총자본의 수준에서 재구성된 소비양식이 대량 생산과 결합되어 우리의 라이프스타일과 의식을 송두리채 변화시킨 기술 자본주의의 양상이다.

그러나 1970~1990년대에 이르러 성장은 둔화되고, 소득 불균형은 크게 벌어졌으며, 단순반복적 작업에 대한 노동자들의 불만이 고조되어 생산 현장은 불안하게 흔들리기 시작했다. 포드주의 대신 유연한 생산체제 혹은 일본식 경영이 각광을 받기 시작했다. 분업은 최소화되고, 노동의 숙련도를 높였으며, 그룹 혹은 팀 작업을 통해 자율성을 부여하거나 경영 참여를 종용하여 기업의 의사결정권을 분산시켰다. 가장 중요한 것은 노동자의 작업 만족도를 극대화할 수 있는 방식이 모색되었다는 점이다. 대량 생산이 다품종 소량 생산으로 전환되어 소비자의 개성과 선택권도 존중되었다. 한 마디로 '노동자' 혹은 '소비자'라는 특수한 집단으로서의 추상적 인간이 아니라 각기 인격을 지닌 개별적 개인이 산업 영역에서 아주 중요한 요소로 떠오른 것이다.

기계로 찍어내는 대량 생산의 시대에는 개성을 표출하는 게 별로 중요하지 않았다. 어떤 표준의 체계 속에 들어가 있으면 되었다. 노동자의 노동 시간 및 활동 반경이 엄격하게 규제되고 통제된 것과 마찬가지로 소비자의 선택권도 엄격하게 기업에 의해 결정되었다.

스티브 잡스의 애플이 탄생한 것은 정확하게 포드주의가 퇴조하는

▌1970년대 초 스티브 잡스와 스티브 워즈니악(오른쪽)이 처음으로 만든 애플컴퓨터.

시점이었다. 표준들이 깨지면서 개인의 자율성이 대두되기 시작한 시대였다. 1975년 과학잡지 「포퓰러 일렉트로닉스」 1월호 표지에 실린 최초의 마이크로 컴퓨터 '알테어' 의 사진은 컴퓨터 시대를 연 기념비적 사건으로 회자된다. 이 사진을 보고 스티브 잡스와 스티브 워즈니악은 세계 최초의 개인용 컴퓨터인 애플 컴퓨터를 만들었고, 빌 게이츠와 폴 앨런은 프로그래밍 언어 '베이직' 을 개발했다. 알테어에 탑재된 인텔의 8080 반도체 확대 사진을 보고 당시 미국에 유학중이던 손정의는 '컴퓨터에 일생을 바치겠다' 는 결심을 한다.

말콤 글래드웰은 저서 『아웃라이어』에서 1975년 전후의 사회적 환경이 PC 혁명의 초석이 되었다고 말했다. 포드주의가 가져온 풍요로움의 기반 위에서, 새로운 생산 방식을 열망하던 당시의 사회 분위기에 부응한 것이 그 젊은 도전자들을 성공으로 이끈 요인이었다.

요즘에는 프로슈머라는 말을 많이 한다. 소비만 하는게 아니라 제조도 하는 창조적 소비자라는 말이다. 할리데이비슨, 미니쿠퍼 등의 경우에서 볼 수 있듯이 공장에서 나온 제품을 그대로 쓰는 경우는 극히 드물다. 사람들은 반제품이 아닌 완제품으로 나온 것이라 해도 거기에 일종의 튜닝을 하여 아주 작은 부분이라도 제품 속에 자신만의 아이덴티티를 넣는다. 그래서 분명 같은 기업에서 만든 같은 브랜드 같은 종류인데도 구매가 이루어지는 순간 그것은 전혀 다른 제품이 된다.

결국 애플은 소비자의 변화를 잘 이해했고, 또 그것을 능동적으로 주도함으로써 글로벌한 성공을 거둘 수 있었다.

정말 개인일까?

'개인' 이란 물리적 개별성만이 아니라 특정 역사와 사회 속에서 고유한 성격과 정체성을 확보한 개체적 인간이라는 것을 우리는 앞에서 살펴본 바 있다. 그런 의미에서 인간은 자신의 사회계급, 소속관계, 사회적 기능에서 독립되어, 있는 그대로의 자신을 인식하기 시작한 근대에 이르러 비로소 진정한 개인이 되었다. 근대적 의미의 개인이란 본질적으로 개별적인 존재, 즉 인간인 한에 있어서의 개인이지, 신분의 위계질서, 권위, 소속관계에 의한 개인이 아니기 때문이다. 결국 모든 소속 관계에서 벗어나 자율성을 갖고 부단히 자신을 성찰하는 인간이야말로 인문학적 의미에서의 개인이다.

이런 기준에 비추어 보면 현대인들은 과연 자율적인 '개인'일까? 전통 사회에서 모든 인간은 어떤 하나의 계급에 속해 있었다. 그러므로 굳이 자신의 정체성을 정립하거나 밝힐 필요가 없었다. 가만히 있어도 자신의 존재는 이미 확고하게 정해져 있었다. 그러나 계급이 없어진 포스트모던 시대에 자신의 정체성을 떠받쳐 주는 집단은 사라졌고, 자신의 존재는 자신이 스스로 만들어내지 않으면 안되게 되었다. 고급 브랜드의 판매 전략의 비결이 여기에 있다. 내가 어떤 브랜드를 소유함으로써 내가 누구인지를 알려주는 것, 그것이 고급 브랜드가 가진 이미지 형성의 기능이다. 나는 이 브랜드의 옷을 입었고, 이런 휴대폰을 사용하며, 이 브랜드의 차를 타므로, 나는 이런저런 사람이 되는 것이다.

미국의 아웃도어 브랜드인 노스페이스의 패딩 점퍼가 요즘 우리나라 10대들의 필수 패션이라고 한다. 인천 공항철도 노무자 참사 사건의 한 희생자도 중학생 아들에게 노스페이스 점퍼를 사주기 위해 새벽 작업에 나섰다가 변을 당한 것이라고 한다. 이 비정규직 아버지의 월 수입은 160만원, 그런데 노스페이스 점퍼는 제일 싼 것이 20만원, 비싼 것은 70만원대에 이른다.

청소년들이 인터넷에 올린 '**노스페이스 계급**'이라는 글에 보면 20만원대는 '찌질이', 30만원대는 '중상위권', 60만원대는 '있는 집 날라리', 70만원대는 '대장 계급'이다. 당연히 아이들은 비싼 것을 사려고

노스페이스 계급
노스페이스 계급에 대해 다룬 기사

안달을 할 것이다. 결코 값이 싸지 않은 이 브랜드를 한국의 중고등학생들이 빠짐없이 입고 있다는 것은 참으로 많은 것을 생각하게 한다. 가장 개성적이고 자유를 갈망하는 것으로 여겨지는 10대 청소년들이 앞다투어 집단의 획일성 속으로 들어가 함몰되려 하고 있다는 것은 아이러니다.

요즘 젊은이들은 뉴스를 보기 위해 신문을 읽거나 TV를 보지 않는다. 컴퓨터에서 뉴스를 검색한다는 것도 벌써 옛날 이야기다. 트위터에 뜬 멘션만 죽 보면 그 날의 주요 뉴스를 다 알 수 있기 때문이다. 뉴스에 대한 사람들의 반응을 먼저 읽고 그 다음에 좀 더 관심이 있으면 원$_\pi$ 소스인 뉴스를 검색한다. 트위터에 들어가기 위해 컴퓨터를 켤 필요도 없다. 길에 걸어가면서 스마트폰으로 검색하면 된다. 뉴스 소비 형태만이 아니다. 영화를 보러 갈 때 또는 멋진 레스토랑을 찾으려 할 때도 트위터에 올리기만 하면 즉각 최선의 답이 나온다.

편리하고 확실한 방법이라고 하지만 이런 결정 방식에서 자신의 주체성은 실종되고 만다. 뉴스에 대한 판단도, 자신의 취향에 따른 결정도 모두 남에게 맡겨 버렸기 때문이다. 거기에는 최소한의 반성적 사고도 개입될 여지가 없다. 트위터의 단문 구호에 수백만의 젊은이들이 우우하고 쏠리는 현상이 거기서 유래한다. 디지털 시대, SNS 사회의 공통적인 현상이겠지만 유독 우리나라의 현상이 심각하다. 가장 새로운 세대인 젊은이들이 자발적으로 근대의 개별적 개인을 포기하고 중세적 특수한 개인으로 되돌아가는 것 같아 안타깝다.

디지털 시대의 개인화

우리 인간은 원시 시대의 미분화未分化 상태에서 고대, 중세, 르네상스, 근대를 거치면서 점차 개인이 되어 갔고, 산업화가 절정에 이른 20

세기에 다시 익명성의 대중이 되었다가 이제 다시 개인화되어가는 추세다. 스티브 잡스의 성공도 이 개인화의 흐름을 탔기 때문이라는 것이 우리의 생각이다. 그렇다면 디지털 시대의 개인화는 어떤 모습일까?

항공사의 마케팅에서 개인화가 눈에 띈다. 예컨대 네덜란드 항공사 KLM은 승객들이 비행기에 타기 전에 올린 페이스북과 트위터를 검색해 깜짝 선물을 하고 있다고 한다. "뉴욕 출장 때문에 중요한 축구 경기를 놓치게 생겼다"라고 쓴 남성에게는 축구 경기를 중계하는 뉴욕의 술집을 형광펜으로 꼼꼼히 표시한 여행 책자를 선물하는 식이다.

KLM은 또 승객이 페이스북과 같은 소셜 네트워크 서비스를 통해 옆자리 사람을 선택할 수 있는 서비스를 2012년에 선보이겠다고 밝혔다. 항공권을 발권할 다른 승객의 취미, 관심사 등을 미리 살펴 누구 옆자리에 앉을 것인지를 선택하는 식인데, 자신의 페이스북 프로필을 등록하면 누구나 이용이 가능하다고 한다. 장거리 노선의 경우 오랜 비행시간을 함께 해야 하는 옆자리 승객이 신경 쓰이는데, 이런 승객들의 마음을 배려한 서비스라는 것이다. 말레이시아 항공도 MH-buddy라는 페이스북 애플리케이션을 내놓았는데, 항공권 예약도 할 수 있고, 같은 항공편을 이용하는 페이스북 친구도 있는지를 확인할 수 있다는 것이다. '배려'라기 보다는 어쩐지 TV의 리얼리티 쇼처럼 불편하고 착잡한 서비스들이다.

디지털 시대의 개인화에서는 타깃팅 광고 혹은 키워드 마케팅이 가장 전형적이다. 만일 누군가가 터키 여행에 관심이 있어 이스탄불의 호텔 측과 구글 이메일로 편지를 주고받았다고 치자. 그런데 그 이후 구글을 검색할 때면 언제나 이스탄불의 호텔을 소개하는 팝업 창 광고가 뜬다. 인터넷 검색이나 이메일을 구글이나 야후가 낱낱이 수집 분석하고 있다는 이야기이다.

공정거래위원회는 지난 해(2011) 구글과 야후에게 개인이 주고받는 메신저, 문자 메시지, 메일 등 통신 내역을 통해 개인 정보를 별도로 수집, 보관하지 않도록 약관에 명시하라고 통보했다. 앞으로 개인의 통신 내용을 수집하려면 가입 때 회원의 동의를 별도로 받아야 한다고 시정 조치한 것이다. 이메일의 수집은 이렇게 차단됐지만 그러나 단순 정보 검색은 여전히 무방비로 노출돼 있다. 구글이나 야후는 사용자의 동의 없이 검색 이력을 마음대로 수집 분석해 마케팅에 활용할 수 있다.

구글과 야후 측은 키워드 마케팅이 개인 정보 침해의 소지가 없다는 입장이다. 회사 직원이 개인의 메일과 메신저를 직접 열어본 뒤 광고를 보내주는 것이 아니라 시스템이 자동으로 관심 있는 키워드를 식별해 광고를 보내주는 것이기 때문이다. 맞는 말이기는 하다. 우리의 검색 이력은 고스란히 염탐되고 감시당하지만 그러나 그 감시자가 사람은 아니고 시스템이라는 것이다. 하지만 그 많은 정보가 고스란히 저장된 거대한 구글이 종국에는 지구를 뒤덮을 만한 권력이 되지 않는다고 누가 보장하겠는가? 빅 브라더 정도가 아니라 거의 신의 전지전능과 맞먹는 권력이 될 것이다.

이미 활용되고 있는 데이터마이닝data-mining 기법도 그 일환이다. 데이터마이닝이란 수많은 데이터간의 유용한 상관관계를 찾아내 예측 가능한 정보를 추출해 내는 기법이다. 전혀 연관이 없을 것 같은 데이터들을 크로스 체킹하여 거기서 새로운 데이터를 창출하는 방식이다. 예컨대 아마존은 내가 지금까지 아마존에서 검색하고 구입한 책들을 근거로 내 취향과 관심영역을 파악하여 관심 분야의 책들을 묶어서 가끔 내게 그 리스트를 보내준다. 내가 광고의 대상이 되어서 찜찜하기도 하지만 한편으로는 내 관심분야의 최신 트렌드를 친절하게 알려주어 고맙기도 하다.

음악을 교묘하게 뒤섞어 보내주는 애플의 아이팟 셔플shuffle도 개인 맞춤형 데이터마이닝을 원리로 삼고 있다. 음악을 단순히 섞어서 들려주는 여타 MP3 기기의 서플 기능과 달리 아이팟 서플은 그날그날 사용자가 듣고 싶은 음악을 이미 저장된 취향에 따라 메인 컴퓨터로부터 선별하여 옮겨준다. 자신의 기분에 맞는 음악을 귀신같이 알아준다고 하여 아이팟 고스트라는 말까지 생겨났다.

사람은 상황에 따라 다르게 행동할 것 같지만 실은 규칙성 있는 행동을 한다. 누구에게나 일정한 패턴이 있는 것이다. 각 개인의 행위들을 시간 좌표 위에 올려놓으면 행위 네트워크가 형성된다. 그러므로 한 사람에 대한 꼼꼼한 데이터만 있으면 그 사람의 행동은 80% 이상 예측 가능하다. 그런데 요즘은 특정인이 아니라 일반인들이 페이스북, 트위터 등에 자신의 일상을 과감히 올린다. 사람들 스스로가 자발적으로 입력하고 저장한 데이터는 디지털 빅 브라더에게는 아주 소중한 자료다. 이렇게 수집된 구체적이고도 세세한 데이터를 적당히 연동시키면 각각의 개인들이 어떤 규칙과 법칙으로 행동하는지 파악이 가능하다.

데이터마이닝 기법은 은행이나 통신사 쪽에서 주로 활용해 왔다. 사람들의 데이터를 수집하는 것이 용이했기 때문이다. 만약 새로운 플래티넘 카드가 출시되었다고 하자. 출시 후 한 달 동안 이 카드를 사용한 사람들이 10만 명이고 이 카드가 목표로 하는 사용자는 100만 명이라고 하자. 그렇다면 나머지 90만 명을 모으기 위해 어디에 타깃을 두어야 하는지부터 알아야 한다. 과거에는 이 10만 명을 성별, 나이, 직업, 사는 곳 등으로 분석했다. 그런데 이제는 10만 명의 데이터들의 상관관계를 분석하는 데이터마이닝 기법을 통해 10만 명에 대한 좀 더 정확한 패턴과 관계를 찾아낼 수 있다. 예를 들어 이들은 일주일에 두 번 영화를 보며, 격주로 골프를 즐기고, 한 달 동안 카드 결제가 가장 활발하게 이루어진 곳은 외식업인데, 외식 중에서도 일식이며... 등등이다. 이렇게 분석이 되면 타깃으로 바라보아야 할 대상이 넓어지고, 또 깊어진다.

소매업 분야만큼 라이프스타일이 분명하고 명확하게 드러나는 곳도 없다. 간단한 예로 1년 내내 콜라를 사먹는 어떤 소비자가 몇 개월 간 계속해서 다이어트 콜라를 산다면 그는 지금 다이어트 중임에 틀림 없다. 이처럼 누가 어떤 물건을 얼마만큼의 빈도로 사느냐에 따라 취향은 물론 월급이 얼마인지까지도 유추해 낼 수 있다. 거기에 스마트 카트까지 등장한다면 그 정확도는 엄청나게 높아진다.

미국의 액센추어 연구소에서 개발한 스마트 카트는 미국의 마트 체인점 중의 하나인 스톱앤드숍에서 시험 중이라고 한다. 우리나라의 이마트에도 스마트 카트가 등장했다는 기사를 본 적이 있다. 스마트 카트에는 센서 칩 컴퓨터가 달려 있어서, 마트를 방문한 소비자가 스마트 카트에 자신의 고객 카드를 긁으면 카트에 장착된 모니터에 '어서

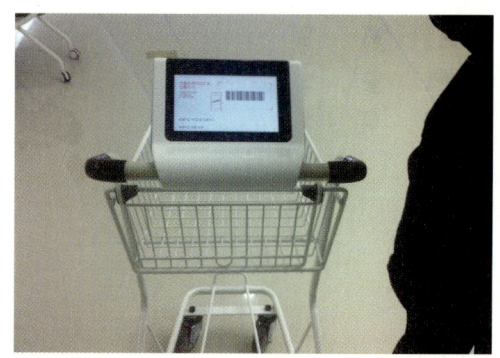
▌한국에도 등장한 스마트 카트_ 자신의 고객 카드를 긁으면 최근에 쇼핑했던 목록을 분석하여 보여준다.

오십시오. ○○님!' 하며 친절한 멘트가 뜬다. 그리고 그가 최근에 쇼핑했던 목록을 분석하여 현재 필요한 상품을 보여준다. 그 상품 중 어떤 상품을 선택하면 스마트 카트에 달린 GPS가 그 상품이 있는 곳까지 친절하게 안내한다. 심지어 그가 자주 애용하던 와인이 오늘 특별 세일을 하고 있다는 세일 정보까지 모니터에 띄워준다.

이것은 세일 때마다 사은품을 안겨주는 현재의 쿠폰 제도와는 전혀 다른 방법의 마케팅이다. 실제 연구에 따르면 소비자는 자신이 사려는 목록의 11%를 잊어버린다고 한다. 그런데 데이터마이닝 기법을 통해 나의 쇼핑 목록을 나보다 더 친절하게 안내해주는 마트가 있다면 당연히 그곳을 단골로 삼을 것이다. 어떤 기업에 데이터마이닝 팀이 있고, 어떤 기업에는 없다고 한다면, 십년 후는 전혀 달라질 것이다. 역설적이게도 십년 후 소비자들은 자신을 감시하는 브랜드를 훨씬 더 친밀한

브랜드로 인식하고 있을 것이다.

데이터는 미래의 권력이다. 나에 대한 정보를 10개 알고 있다면 나에 대한 분석 정확도는 떨어진다. 그런데 100배의 데이터를 가지고 있다면 분석 정확도는 기하급수적으로 높아진다. 컴퓨터는 끊임없이 데이터를 모으고 분석하고 학습하며 진화하고 있을 뿐만 아니라 네트워크를 통해 각기 서로 연결되어 있다. 그러므로 디지털 빅브라더는 실현 가능한 존재이고, 그것은 구글 신神이라는 이름을 가질 가능성이 농후하다. 장기적인 관점에서 애플이 구글을 이기기 어렵다는 예언은 바로 이런 데이터의 축적과 활용 가능성의 차이 때문이다. 구글이 '사악해지지 말자' Don't be evil라는 사내 표어를 내건 것은 반어적으로 그들의 정보 전지성全知性을 고백한 것이나 다름없다.

디지털 개인화의 더 큰 폐해는 개인별 맞춤 정보로 인한 정보의 편식 현상이다. 2010년 멕시코만 원유 누출 사고 때 미국 동북부 출신으로 고등교육을 받은 백인 여성 두 명이 구글 사이트에서 영국의 시추사試錐社 BP에 대한 뉴스 검색을 했다. 한 사람에게는 사고 뉴스와 그 관련 링크가 떴지만 다른 사람에게는 BP 투자 정보가 나왔다. 한 사람은 대기업의 사회적 책임에 관심이 많은 좌파적 성향이고, 다른 사람은 좀 더 개인적인 안락에 관심이 있는 사람이었을 것이다. 어떻게 이렇게 개인의 취향에 맞춘 정보가 올라오는가? 포털 회사가 방대한 개인 정보를 수집하고 있다는 이야기이다.

그 비밀은 쿠키라고 불리는 작은 기능에 있다. 야후, MSN 등 상위 50곳의 인터넷 사이트에는 평균 64개의 쿠키와 개인정보 추적용 유도 장치가 설치되어 있다. 쿠키란 인증이나 즐겨찾기 기능처럼 사용자의 특수정보를 유지하는데 사용되는 데이터이다. '비밀 번호를 저장하시겠습니까?' 라는 문구에 동의하면 다음에 접속할 때 굳이 암호를 기억할 필요 없이 비밀 번호가 저절로 뜨는데, 이처럼 특수정보를 저장했다가 우리가 접속할 때마다 언제나 그 동일한 내용을 서버에서 웹브라우저로 보내주는 텍스트 조각parcels of text이 바로 쿠키다. 그 자체로는 아무런 기능도 하지 못하는 단순한 부스러기 데이터simple pieces of data라고 해서 쿠키라는 이름이 붙었다.

이를 통해 구글이나 페이스북은 개인의 은밀한 사항들을 파악하고 축적하여 광고에 이용한다. 예컨대 당신이 운동화를 사려고 온라인 사이트를 방문하여 사거나 사지 않더라도 그 방문 기록은 쿠키에 저장된다. 그 후 당신이 게임을 하기 위해 게임 사이트에 들어가거나 글을 올리기 위해 블로그를 열면 거기에 운동화 광고가 떠있다. 포털 회사가 리타깃팅retargetting 기술을 이용한 것이다.

이와 같은 지능형 검색 엔진은 사람들이 선호하는 뉴스만 우선적으로 골라서 보여주는 맞춤형 뉴스까지 제공한다. MIT의 미디어 학자인 니콜라스 네그로폰테Nicholas Negroponte는 사람들에게 각자 그가 듣고 싶어하는 것만을 전해주는 이런 디지털 정보 배분을 '아첨꾼 개인화'라고 불렀다. 자기 취향에 맞는 정보만 듣다 보면 온 세상이 자기 생각과 똑같은 줄 아는 필터 버블filter bubble(여과 거품)에 빠지게 된다. 이런 정보 편식은 자기 생각만 강화해주어, 다른 생각이나 다른 문화를 통찰할 기회를 아예 봉쇄해 버린다. 인터넷은 과거의 전통적 언론보다 더 민주적인 매체인 것 같지만 실은 심하게 걸러진 편협한 세상보기의 수단인 것이다. 여론 조작은 기본이고, 새로운 형태의 권력 집중이며, 공공의 문제를 감성적으로만 접근하게 만드는 역기능이 있다. 2008년 오바마 미국 대통령의 당선에 결정적 기여를 했던 온라인 정치시민단체 '무브온'의 이사장이며 프로그래머인 엘리 프레이저Eli Pariser는 『생각의 조종자들Filter Bubble』이라는 책에서 인터넷이 민주주의의 장밋빛 미래만 약속하는 것은 아니라고 경고한다.

애플 미학

애플 미학

예뻐서!

사람들에게 애플 제품을 좋아하는 이유를 물으면 "너무 예뻐서!" 라고 대답한다. 귀엽고 매력적인 아이팟의 형태에 반하여 젊은이들은 너나 없이 그것을 구입했고, 부담되지 않는 가격으로 음악을 다운 받아 즐기게 되었다. 불법 다운로드로 거의 파산 지경에 이르렀던 음원회사들도 이렇게 해서 다시 살아났고, 모든 지적 자산에는 돈을 지불해야 한다는 의식을 사람들에게 심어준 것도 애플의 커다란 공로였다.

우리의 주제에 딱 맞는 한 여성의 블로그가 눈에 띤다. 애플 매장을 방문한 한 젊은 여성은 '꿈에도 사고 싶던 아이패드2... 실제로 보니까 더 사고 싶더라' 는 이야기와 함께, 애플의 다양한 미니 기기들이 '귀엽고, 예쁘고, 모던하다' 는 찬탄에 이어, 컬러풀하고 깔끔한 인테리어가 너무나 마음에 들어 '이게 다 우리 집이었으면..' 좋겠다는 부러움, 선망, 경탄으로 글을 끝맺는다. 이 게시 글에서 우리는 젊은이들이 애플을 무척 좋아한다는 것, 그리고 그 인기의 비결은 아름다움에 있다는 것을 깨닫게 된다. '귀엽고, 예쁘고, 모던하다' 라는 찬사가 바로 그것이다.

▌ 아이팟의 알록달록한 색깔과 앙증맞은 형태가 젊은 소비자들의 마음을 사로잡았다.

애플의 성공은 일차적으로 아이팟 등의 기기가 예뻐서, 소비자들이 명품이나 장난감처럼 그것을 갖고 싶은 마음이 들게 했기 때문이다. 기술력이 향상되어 모든 기기의 기능적 품질이 비슷해 질때 유일한 차별은 미적인 요소다. 다소 불편해도 예쁘면 산다.

무수한 찬사가 쏟아지지만 사실 애플 제품이 무조건 편리하고 우수한 것만은 아니다. 아이폰 하나의 경우만 보아도, AS 기간 동안 기계가 고장 나면 신제품으로 바꿔 주는 것이 아니라 재활용 부품으로 만든 리퍼refurbished 제품으로 교환해 준다든가, 배터리를 교환할 수 없다든가, 손으로 잡을 때 안테나를 막아 소리가 잘 안들린다든가, 현지 사정을 고려하지 않고 미국 본사에서 정한 방식으로 유통과 판매까지 통제한다든가, 모델의 다양성이 부족하여 선택의 폭이 좁다든가 하는 무수한 단점들이 있다. 그러나 그럼에도 불구하고 애플 마니아들은 굳이 애플 제품을 고집한다. 그리고 그 마니아의 층이 빠른 속도로 확대되어 전 세계적인 애플 신드롬을 일으킨 것이다.

어쩌면 스티브 잡스의 개인적인 매력이 애플의 경쟁력을 지나치게 부풀려 놓았는지도 모른다. 미국에서 방영되는 삼성의 스마트폰 광고에는 애플의 거품에 대한 조롱이 깔려 있다. 뉴욕, 샌프란시스코, 보스턴, 시카고, 시애틀의 애플 매장 앞에서 9시간씩 기다리고 있는 애플 마니아들이 큰 스크린에 4G 스피드를 가진 삼성 갤럭시를 보고도 "난 그거 절대 안 사. 난 크리에이티브한 사람이니까"라고 말하는 장면이 그것이다.

스티브 잡스만 해도, 목표를 위해 수단 방법을 가리지 않는, 독선적이고 야비한 인간이었지만 사람들은 그의 폭군적 스타일을 '독선'이라 하지 않고 '카리스마'라고 했으며, 그의 야비하고 괴팍한 성질은 숭고한 장인 정신으로 칭송한다. 성공은 모든 것을 정당화하지만 또 한편으로, 아름다움은 모든 것을 정당화한다.

아름다움이 지나치게 찬양되는 외모지상주의 열풍이 사회 문제를 야기하는 것이 작금의 현실이지만 실제로 미추美醜에 대한 편견은 모든 인간의 밑바탕에 깔려 있는 가장 본질적인 인식이다. 사르트르에 의하면 아름다움에는 사람의 마음을 편안하게 해주는 기능이 있다. 천사나 성녀 혹은 높은 신분의 사람들은 모두 아름다운 얼굴이고, 악한이나 하류 계층은 모두 추한 모습으로 그려져 있는 서구 회화사를 보면 '아름다움은 선, 추함은 악' 이라는 암묵적인 도식이 현대의 편견만은 아니라는 것을 알 수 있다. 서양의 전통 회화에서 추함은 마치 어떤 불길한 예언을 담지한 것처럼 공포를 자아내고, 아름다움은 영원히 파괴되지 않을 것 같은 신성한 이미지를 담고 있었다.

미학이 대세다

세계적인 그래픽 디자이너이자 컴퓨터 공학자인 존 마에다(현재 로드아일랜드 스쿨 오브 디자인 총장)는 21세기의 경쟁력은 과학science, 기술technology, 공학engineering, 수학mathematics에 예술art을 추가한 STEAM이 되어야 한다고 말했다. 그 동안 경제는 기술, 과학, 투자은행가들에 의해 지배되었고, 아티스트나 디자이너들의 역할이 과소평가되었으나 앞으로의 사회에서는 아티스트나 디자이너가 새로운 리더십을 갖게 될 것이라고도 했다. 아마도 21세기의 사회에서는 스티브 잡스와 같은 CEO가 비즈니스 스쿨이나 엔지니어링 스쿨에서는 나오기 어렵고 오히려 아트와 디자인 분야에서 나올 것이다.

미래학자 존 나이스비트John Naisbitt는 이미 1990년에 출간한 『메가트렌드 2000』에서 21세기가 새로운 르네상스 시대가 될 것이라고 예측했다. 다시 말하면 앞으로의 사회는 예술가들의 시대가 될 것이라는 이야기였다. 고대 그리스 로마에서 정치가들이 가졌던 지위, 혹은 중세 때 성인들이 가졌던 지위를 르네상스 시대에는 예술가들이 갖고 있었기 때문이다.

그의 예측은 과거의 추세를 보여주는 통계적 자료에 근거해 있다. 1965년 이후 박물관을 찾는 미국인의 숫자가 연간 2억 명에서 5억 명으로 증가했다. 1988~89 시즌 중 브로드웨이에서의 공연 기록은 모두 경신됐다. 일류급 실내악단협회의 회원수는 1979년의 20개에서 1989년에 578개로 늘어났다. 1970년 이래 미국의 오페라 청중은 3배로 늘어났다.

미국만이 아니다. 1960년 이후 일본은 200개가 넘는 새로운 박물관을 세웠다. 독일에서는 10년 동안에 300여 개가 세워졌고, 영국에서는 18일 만에 하나씩 새로운 박물관이 개장됐다. 소련에서는 개방과 개혁 정책이 이제까지 없었던 문학과 문화의 부흥기를 가져왔다.

21세기를 르네상스로 상정하는 나이스비트는 당연히 20세기를 중세의 암흑기에 비유한다. 고도로 발달된 기술과 산업화가 인간을 기계로 대체했고 전체주의와 전쟁은 인간·박물관·성당들을 파괴했다. 그러므로 20세기는 암흑시대라는 것이다. 모든 것을 황폐화시킨 전쟁과 냉전의 기억을 뒤로 한 21세기의 문턱에서 사람들은 이제 인간적이라는 것이 무엇을 뜻하는지 자유롭게 생각할 수 있게 되었다. 정신적인 측면의 이야기지만 이것이 갖는 경제적인 의미는 엄청나다.

정보 산업의 발달로 예술을 옹호하는 부유한 계층이 생겨났고, 전문적이며 잘 교육받은 여성 노동력이 증가했다. 예술을 사랑하는 사람들은 대체로 교육을 잘 받은 사람들이다. 2차 대전 후에 태어난 사람들은 역사상 가장 교육을 잘 받은 세대들이다. 그들은 예술을 즐길 수 있을 만큼 세련됐고 관람료를 지불할 수 있는 능력도 갖추었다. 그래서 사람들은 일요일 오후에 TV를 통해 축구경기를 보는 것보다는 차라리 박물관을 찾기를 더 좋아한다. 예술 애호가의 저변이 확대되었다는 것을 보여주기 위해 존 나이스비트는 로스앤젤레스의 한 시청 직원의 말을 인용한다. "토요일 오후의 시간을 보내는 방법 중 내가 제일 좋아하는 것은 화랑을 돌아보는 것"이라고 한 후 이 평범한 공무원은 "예술품 감상은 단순한 휴식 이상이다. 내게 충만감을 준다"라고 말했다.

유럽에서도 박물관 붐이 일어났다. 프랑스는 낡은 빌딩을 박물관으로 개조함으로써 새로운 활기를 얻었다. 파리 마레 지역의 피카소 박물관은 귀족의 대저택이었으며, 라 빌레트 과학산업도시는 옛날 도살장 자리에 세워졌다. **오르세 박물관**은 1900년 파리 박람회 때 세워졌던 화려한 기차역이었다. 퐁피두 센터가 그랬듯이 오르세 박물관도 처음에는 많은 사람들이 반감을 갖고 있었지만 외국인들에게 인기가 많아 첫해에만 4백만 명이 관람했다. 외국인들 중 특히 미국인 비평가들과 역사학자들이 이 박물관을 좋아한다.

세계에서 사람들이 가장 자주 찾는 곳은 에펠탑도 타지마할도 아닌 조르주 퐁피두 센터다. 이곳은 퐁피두 대통령 기념관이면서 현대 미술과 조각의 보고寶庫이다. 1년에 8백만 명의 관광객이 이곳을 찾음으로써 에펠탑(연간 4백10만)을 제치고 세계에서 가장 많은 사람들이 찾는 박물관이 되었다. 예술은 문화적 자원일 뿐만 아니라 경제적 자원이기도 하다. 상업·주거지역 부동산 개발 계획을 촉진하고 관광산업을 진흥시키기 때문이다.

매사추세츠에서는 28개의 빈 공장들이 현대미술관으로 탈바꿈했고, 앨라배마의 버밍햄에서는 19세기의 철 제련소가 미술관 겸 예술센터가 되었다. 볼티모어 교향악단 지원 기부금을 모금하던 보험회사 사장은 "사람들이 도시로 와서 살고 싶도록 만드는 생활양식 중에서 공항이나 프로 야구팀만큼 교향악단도 중요하다"고 말했다.

1990년대에 예술이 로스앤젤레스 경제에 미치는 영향은 50억 달러 이상이었다. 영국에서는 예술분야가 1백70억 달러 규모의 산업으로

애플리케이션 다운받기

오르세 박물관 _아이폰용

영국 자동차 산업의 규모와 맞먹는 것이며, 관광산업분야 소득의 27%가 예술분야에 직접적으로 기인하는 것이다.

예술의 부흥은 교과과정도 재편성하도록 촉구하고 있다. MIT는 모든 학생들에게 예술·인문학 분야의 강의를 듣도록 종용하고 있다. 이 제도를 도입했던 당시의 그레이 총장은 "직업적인 엔지니어도 문화와 인간의 가치에 대해 이해할 필요가 있다. 인문학의 교과과정은 과자에 입히는 당의가 아니다"라고 말했다. MIT는 학교 역사상 처음으로 철학에서 페미니즘에 이르기까지 비 기술적인 분야의 부전공을 허용했다.

존 마에다John Maeda도 예술만을 위한 예술과 자본주의의 경계를 무너뜨리는 것이 자신의 교육 철학이라고 했다. 그가 총장으로 있는 로드아일랜드 디자인 대학의 커리큘럼에는 제품을 브랜드화 하는 법, 계약하는 법, 지적 재산권 문제 등의 강의가 포함되어 있고, 예술 수업에는 금융의 기본 과정이 들어 있다.

한 때 부모들은 자식들이 화가·음악가 또는 배우가 되는 것을 꺼려했으나 예술붐은 직업의 선호도도 바꿔놓고 있다. 메릴랜드대학의 사회학 교수 로빈슨John P. Robinson은 『미국인구 통계학』에서 "1980년대에 작가·화가·무용수의 숫자는 80%나 증가하여 같은 기간 다른 직업 분야의 성장률보다 3배나 빠른 증가세를 보였다"고 말했다.

1960년에서 1980년 사이에 미국의 노동력은 43%가 증가한 반면 화가·작가 및 예능인의 숫자는 144% 증가했다. 1983년부터 1988년까지 예술분야에 취업한 사람은 1천6백만 명으로 전체적인 고용증가율을 훨씬 상회했다.

수십 년 전 먼 나라의 예를 들 필요도 없다. 2010년 우리나라 국세청에 가수, 모델, 배우, 연예보조, 작곡가 등의 직업으로 사업소득세를 낸 사람은 17만 2천95명으로, 그 전해 보다 38.4%나 증가했다. 연예인은 거의 모든 청소년들의 희망 직업이기도 하다. 예술 중에서도 대중 문화만 이상 비대 현상을 보이는 우리 사회의 불균형이 조금은 아쉽게 느껴진다.

스티브 잡스 현상이 전 세계를 강타한 것은 그것이 단순히 한 기업의 성공 스토리이기 때문만은 아니다. 거기서 우리는 산업시대가 확실하게 마침표를 찍는 모습을 본다. 산업사회에서의 성공의 조건은 근면과 검약이었다. 군軍을 모델로 하고, 스포츠가 그 상징이었다. 기업의 경쟁력은 생산성이나 합리성이었고, 수익이라는 경제적 가치가 모든 것에 우선했다. 기업들은 회사 이미지를 개선하고 제품의 판매를 촉진하기 위해 예술을 이용하기는 했지만 그것은 어디까지나 부차적인 가치였다. 그러나 스티브 잡스는 디자인을 제품의 핵심적인 영혼 fundamental soul이라고 말했다.

정보화 사회, 지식 기반 사회를 거쳐 문화의 사회가 된 오늘날 사회적 성공은 새로움과 아름다움에서 나오고, 기업의 경쟁력은 감각과 창의성, 그리고 예술적 가치에서 나온다. 창의적 아이디어에 미학이 덧붙여진 제품이나 서비스에 기업의 성패가 달려 있다. 21세기의 경쟁력은 예술에 있다.

이미 60년대 초에 케네디는 예술이 기업이나 정치만큼 대접 받는 나라를 만들겠다고 선언했고, 80년대에 마거릿 대처는 '디자인이냐 사임이냐 Design or resign라는 재미있는 경구로 디자인의 중요성을 강조한 바 있다.

스티브 잡스는 최초로 컴퓨터에 서체의 아름다움을 부여했고, 자신이 개발하는 모든 제품에 미적 디자인을 구현했다. 그의 독창성은 컴퓨터 산업에 미학을 도입한 것이다. 스티브 잡스가 연 새로운 시대에서는 미학이 대세다. 상업적인 제품이나 서비스는 말할 것도 없고, 국가적 공공사업도 미학적인 요소가 핵심이 되어야 한다.

유니바디unibody

이음새도 없고 튀어나온 버튼도 없이 그저 매끈한 얇은 입방체인 아이폰 혹은 아이패드의 몸매는 유니바디라는 말에 딱 어울린다. 유니바디unibody는 새로운 노트북 '맥북' MacBook을 출시하면서 애플이 내놓은 7분 36초짜리 홍보 동영상 속에서 디자인 부사장인 조나단 아이브Jonathan Ive가 한 말이다. 실질적으로 아이팟, 아이폰, 아이패드를 디자인했던 조나단 아이브는 2011년 12월 31일 영국 왕실에서 기사작위를 받았다. 영국 런던에서 태어난 그는 1992년 애플에 복귀한 스티브 잡스와 만나 의기투합하면서 능력을 발휘하기 시작했다. 아이팟을 포함해 그가 디자인한 제품 6개는 뉴욕 현대 미술관MoMA에 소장되었다.

스티브 잡스의 생각을 가장 잘 구현하여 그와 일심동체라고까지 일컬어지던 아이브는 맥북의 컨셉, 목적, 가치, 디자인, 기능 등을 설명하면서 유니바디라는 새로운 합성어를 선보였다. body는 '몸체' 이고, uni는 단 하나의unique, 통합된united 단위체unit라는 세 개념을 고의적으로 모호하게 한데 합친 약어略語다. 애플의 철학, 디자인, 마케팅 그리고 커뮤니케이션 방법이 여기에 다 들어있다.

혁신적인 노트북 제작 방식을 사용한 맥북은 Mac시리즈 중에서 가장 놀라운 엔지니어링의 산물이었다. 일반적으로 노트북은 여러 부품을 조립하여 만든다. 이것저것 합치다 보면 자연히 크기와 무게가 증가한다. 그만큼 실패할 확률도 높아진다. 새로운 맥북 제작의 도전은 여러 파트를 하나의 파트로 대체하는 것이었다. 그 하나의 파트가 바로 유니바디다. 이 방법으로 노트북은 더 가볍고, 더 탄탄하게 되었으며, 예전에는 꿈도 꾸지 못했던 크기와 모양이 나왔다.

유니바디 컨셉은 크기만 줄이는 것이 아니라 디자인 면에서도 엄청난 혁신을 가져왔다. 외장을 하나의 파트로 만드는 유일한 방법은 알루미늄 한 덩어리를 가공하는 것이다. 자연히 유려한 마감처리가 가능하다. 아이폰의 군더더기 없는 매끈한 외관이 바로 여기서 출발한다. 단순함을 극단으로 밀고 간 치밀한 설계와 디자인은 가히 미니멀리즘의 기계적 구현이다.

Macbook Air 출시당시 스티잡스의 프레젠테이션 영상

조나단 아이브는 제품 홍보 동영상에서 맥북을 설명하며 "외부보다는 내부가 더 멋지다"라고 말했다. 그러니까 유니바디란 단순한 디자인 컨셉에 그치지 않고 부품 선택에서 엔지니어링 방식, 포장 방식 그리고 재활용 방식에 까지도 적용되는 기본 개념이라는 것이다. 세세한 부분까지 신경써서 사용자가 복잡하게 느끼지 않도록 배려했고, 필요 없는 것은 하나도 없다고 했다. 유니바디는 단순히 제품의 기능적 특징이 아니라 스티브 잡스의 세계관이고 경영전략이며 신념이다.

통합에 대한 집착은 결국 노트북의 '통합형 구조'를 생각하게 했다. 애플 컴퓨터를 쓰고 있는 사람이라면 특수 장비가 없이는 본체를 분해하지 못한다는 것을 알고 있다. 원래 분해하지 못하도록 만들어졌다. 그것이 유니바디다. 조나단 아이브는 완전히 고장이 나서 폐기처분 직전에만 한 번 볼 수 있는 내부 디자인에 대해 자부심이 있다고 말했다. 보이지 않는 부분까지 섬세하게 디자인한다는 의미이다.

스티브 잡스의 성공은 그의 예술가적 완벽주의에 있었다. 아이팟 뒷면의 거울 같은 표면 처리를 위해 일본의 장인들이 밀집해 있다는 니카타현에 의뢰해 완성시켰다고 한다. 모든 것이 준비된 다음에야 잡스는 자신있게 대중 앞에 나서 외친다. "보세요. 우리 제품의 뒷면은 타사의 제품 앞면보다 아름답습니다." 그는 보이지 않는 사소한 것들에 혼신의 힘을 쏟아 붓는다. "훌륭한 목수는 아무도 보지 않는다고 장롱 뒤쪽에 저급한 나무를 쓰지 않는다"라는 그의 말은 마치 일본의 소목장小木匠의 이야기를 듣는듯하다. 애플을 창업한 1970년대부터 스티브 잡스는 제품 내부 기판의 납땜 상태를 다듬어야 하고 배선을 줄여 소음을 없애야 한다고 주장했다.

애플의 디자인 편집증은 노트북을 열어보면 알 수 있다. 다른 브랜드의 노트북 터치패드 옆에는 3개 내지 5개의 스티커가 붙어있다. 대부분 CPU의 종류 및 업그레이드된 칩에 관한 설명이다. 하지만 맥북 MacBook에는 아무것도 없다. 쓸데없는 것을 모두 배제하여 디자인의 완벽성을 추구하겠다는 의지가 거기서도 드러난다.

디자인의 영역은 상품만이 아니다. 상품을 만드는 과정부터 상품의 전달방법, 소비자가 박스를 개봉하는 느낌까지 모두 디자인되어야 한다. 하기는 나도 아이폰 상자가 너무 예뻐서 버리지 않고 아직까지 보관하고 있다.

❙ 아이폰상자

애플 제품의 아름다움은 군더더기 없는 단순한 디자인에서 나온다. 편리성을 위해 전자기기의 버튼은 당연히 앞면에 있어야 한다는 생각에 고착되어 있었다면 겉면이 거울처럼 매끈한 아이폰은 세상에 나올 수 없었을 것이다. 표면에 아무것도 없고, 전원 장치도 모서리 한 구석에 숨겨져 있는 단순하고 유려한 직육면체의 휴대폰은 기계적 실용주의의 틀에서는 도저히 나올 수 없는 발상이다. 배터리를 교환할 수 없다는 불만에도 불구하고 아이폰이 이음새가 없는 일체형을 유지하고 있는 이유는 이 미학적 미니멀리즘에서 찾아야 할 것이다. 깨끗한 표면을 만들기 위해 모든 인터페이스를 터치 기능으로 만들었고, 그 부드러운 터치가 다시 사람들의 감각을 자극하여 새로운 트렌드를 형성했다. 애플 제품은 미니멀리즘의 교과서와도 같다.

| 도날드 저드의 미니멀리즘 조각작품

토니 스미스의 Free Ride |

미니멀리즘

블랙 혹은 화이트의 단순한 색조에 최소한의 선으로 된 간결한 원피스를 보면 우리는 미니멀리즘 패션이라고 말한다. 콘크리트나 녹이 슨 철판을 사용한 간결한 사각형의 건물을 보고 우리는 미니멀리즘 건축이라고 한다. 벽과 천정에 새하얀 벽지를 바른 넓은 공간에 꼭 필요한 검정색의 탁자와 소파가 몇 개 놓인 간결한 인테리어를 보고 우리는 미니멀리즘 인테리어라고 말한다. 스티브 잡스는 복잡한 기술을 쉽고 인간친화적으로 만들었을 뿐만 아니라 그것을 아름답게 만들었다. 그 아름다움은 단순함의 아름다움이다. 아이팟은 온갖 기능 조작을 컨트롤 버튼 한 개로 통합시켰고, 아이폰의 경우에는 외관에 컨트롤 버튼조차 보이지 않는다. 그는 디자인 하나로 시대의 아이콘이 되었는데, 그의 디자인 미학은 결국 미니멀리즘이었다.

1960년대 중반부터 몇 개의 기본적 모듈modular units을 벽에 부착하거나 바닥에 놓아둔 것에 불과한 조각품들이 엄청난 비판과 분석의 대상으로 떠오르며 큰 반향을 불러 일으켰다. 토니 스미스Tony Smith는 검은색의 긴 장방형 입방체 3개를 수평과 수직으로 붙여 놓은 조각 작품에 「자유 운행Free Ride」이라는 제목을 붙였고, 도날드 저드는 초록색 혹은 푸른색의 나무 육면체를 규칙적으로 벽에 붙인 조각 작품을 선 보였다. 1959년, 가느다란 검정색 줄을 반복적으로 그어 기하학적 형태를 만들어낸 프랭크 스텔라Frank Stella의 블랙 페인팅Black Painting이 미니멀리즘의 효시다.

그 후 산업적 소재를 사용하거나 기하학적 패턴들을 반복하는 미니멀리스트 조각들이 봇물처럼 터져 나왔다. 이것들은 주로 공장 생산 방식에 의해 제작되었다. 이 생산 방식만으로도 미니멀리즘은 예술의 오랜 전통에 대한 강한 도전이었다. 예술작품은 손으로 만들어진, 세상 유일의 것이어서 복제할 수 없다는 것이 전통적인 예술관이었기 때문이다.

　작가의 개인적 터치personal touch를 완벽하게 제거하여 몰개성적이고 즉물적이 된 미니멀리즘은 1940~50년대에 미국 화단을 휩쓸었던 추상표현주의의 주관주의적 경향, 또는 몸짓의 개입에 대한 반발로 여겨진다. 잭슨 폴록의 액션 페인팅에서 볼 수 있듯이 추상표현주의는 지극히 사적私的인 상상력의 산물이었기 때문이다.

　추상표현주의의 대표적 화가인 **잭슨 폴록**Jackson Pollock(1912~1956)은 멕시코의 벽화가 시케이로스David Alfaro Siqueiros의 작업실에서 그림 표면에 페인트를 붓거나, 애나멜 페인트·모래·유리가루 등을 물감 대신 사용할 수도 있다는 것을 알게 되었다. 20대 때인 1937년 알콜 중독 치료를 위해 정신분석 전문의에게 상담을 받았는데, 이때 초현실주의자들의 자동기술법을 접하기도 했다.

잭슨 폴록
잭슨 폴록과 그의 작품을 설명한 블로그 포스팅

　그 이후 헛간을 개조한 작업실에서 과거 어떤 화가도 상상할 수 없었던 새로운 작업을 시도했다. 커다란 캔버스를 바닥에 펼쳐놓고 사방을 돌며, 캔버스 위로 물감을 흘리고, 끼얹고, 튀기고, 쏟아 부으면서 몸 전체로 그림을 그렸다. 그렇게 떨어뜨린 물감은 번지고 퍼지는 정도에 따라 두터운 층을 형성해 가면서 우연의 효과를 발생시켰다. 이 모든 것이 작가의 다이내믹한 제작행위에 기인하는 것이었으므로 이것을 '액션 페인팅' 이라 불렀다.

　이런 기행 덕에 폴록의 작품은 어려운 추상화이면서도 대중적 인기를 누렸다. 1947년부터 1952년까지 그의 작품들은 전 세계 미술계에 돌풍을 일으켰다. 이처럼 화려하게 과시적이며 방종에 가까운 추상표현주의가 비개성적이고 차가운 미니멀리즘으로 대체된 것은 어쩌면 당연한 순서였다.

　댄 플래빈Dan Flavin의 알록달록한 형광의 기하학, 리처드 세라 Richard Serra의 얼기설기 불안정한 지주목支柱木, prop pieces들, 크리스

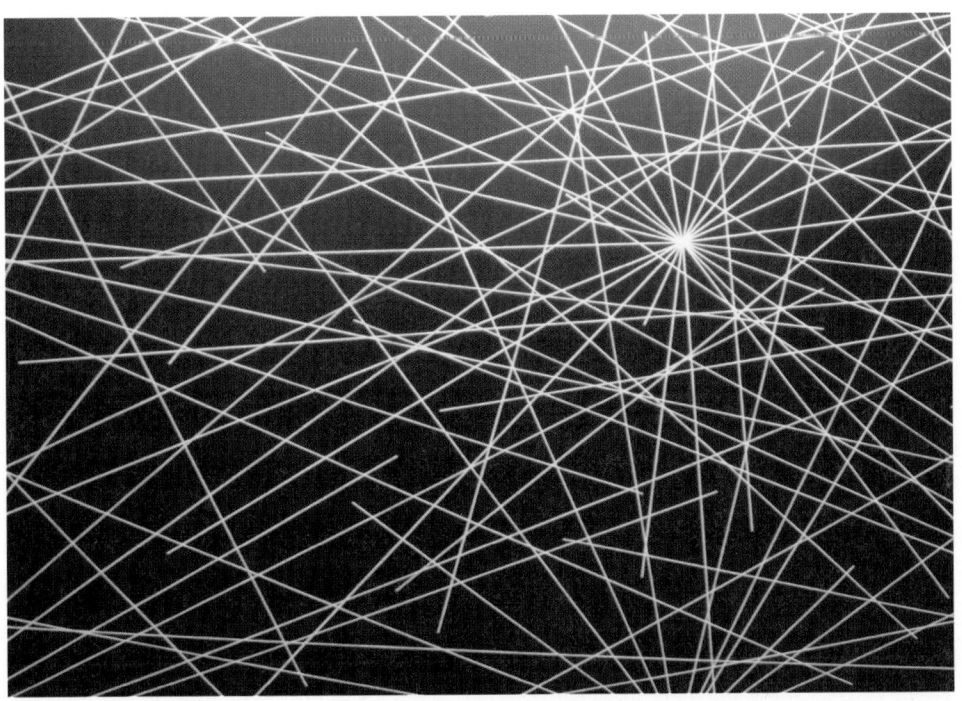
솔 르윗의 복잡한 격자 그림

탈 같기도 하고 도시 교통 노선 같기도 한 솔 르윗Sol LeWitt의 복잡한 격자 그림 등이 모두 이 때 나왔다.

추상 표현주의의 액션 페인팅에서 기하학적 패턴으로 이어진 미니멀 아트는 형태를 극단적으로 단순화하고, 내용 표현은 고의적으로 제거하여 마침내 예술의 절대적 순수성에 도달한다. 대상들은 일체의 감정이 제거된 채 그 기본적 기하학적 형태로만 제시된다. 가끔은 격자나 패턴의 단순한 요소로 구성되기도 한다. 표현주의의 어떤 낌새라도 허용하지 않기 위해 규칙성은 거의 필수적이다. 전혀 화가 개인의 특징을 찾아볼 수 없는 이 엄격한 비개인적impersonal 형태에 마지막으로 남는 것은 작품의 정신적 관념뿐이다. 거기에 작가 특유의 감각이나 감정은 전혀 없다. 일체의 내용이나 표현이 완전히 배제된 그 작품들은 도저히 근접할 수 없을 듯 차가운 대상이 되었다.

미니멀리즘이 작품에서 일체의 의미를 제거하려 한다는 것은 사실이지만 그것이 미니멀리즘 자체의 의미까지 제거하는 것은 아니다. 미니멀리즘은 단순히 차가움을 지향하는 것이 아니라 인간의 미학적 경험을 정화하려는 시도이기도 하다. 그 동안 예술은 너무나 코드와 콘텐츠로 가득 차 있었고, 아주 사소한 덧없는 형태라 할지라도 어떤 의미나 메시지를 함축하고 있었다. 미니멀리즘은 모든 불필요한 것을 배제함으로써 이런 과잉의 의미를 작품에서 걷어냈다. 미국의 실용주의에 기원이 있다거나, 셰이커 교도Shaker(18세기 중엽 미국에서 일어난 기독교의 일파)들의 소박한 생활방식과 관련이 있다고 말하는 사람들도 있다. 또 혹자는 불교의 공空 개념이나 도가道家의 무위無爲 사상과 연관 짓기도 한다.

도널드 저드의 가구에서 미켈란젤로 안토니오니와 빔 벤더스Wim Wenders의 영화에 이르기까지, 존 케이지의 음악에서 미스 반 데어 로에Mies van der Rohe의 건축에 이르기까지, 그리고 사무엘 베케트의 연극이나 어니스트 헤밍웨이의 소설에 이르기까지 미니멀리즘은 20세기의 가장 강력한 초 장르적 미학이었다. 그리고 지금도 개념 미술 Conceptual and process art이나, 안도 타다오 등의 건축, 마이클 니만이나 **필립 글래스** 등의 음악으로 맥이 이어지면서 미술, 디자인, 문화의 중심 미학으로 자리잡고 있다.

필립 글래스
필립 글래스의
「The Hours」연주 동영상

미니멀리즘 건축

도날드 저드, 솔 루잇 등의 작품 비평에 쓰였던 미니멀리즘이라는 개념은 즉각 건축가들의 마음을 사로잡았다. 미니멀리즘은 현대 건축의 지배적 흐름이 되었다. 그러나 미니멀리즘이라는 말이 생기기 훨씬 전에 Less is more(적은 게 더 많은 거다), 또는 The God is in the detail (신은 디테일 안에 있다)라는 짤막한 경구로 미니멀리즘 미학의 정수精髓를 표현했던 건축가가 있었다. 시카고에서 왕성하게 활동했던 독일 출신 건축가 루드비히 미스 반 데어 로에 Ludwig Mies van der Rohe (1886~1969)가 그 사람이다. 모더니즘 건축가 또는 독일 표현주의 건축가로 흔히 분류되지만 그의 간결한 건축은 그대로 미니멀리즘의 교과서라 할 수 있다.

최근에 BMW의 미니 자동차 광고에서 MINIMALISM이라는 카피를 사용한 것이 흥미로웠다. '미니멀리즘'이라는 큰 제목 밑에 THE NEW MINI MONSTER라고 주어를 설정한 후

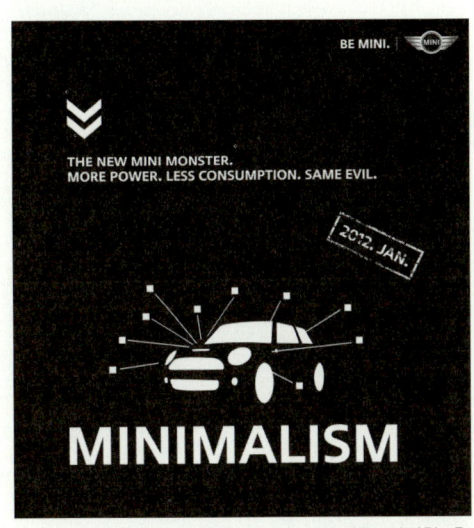

| THE NEW MINI MONSTER라고 주어를 설정한 후 MORE POWER. LESS CONSUMPTION. SAME EVIL 이라는 카피가 이어져 반 데어 로에의 경구를 패러디하고 있는 뉴 미니 자동차 광고.

┃ 반 데어 로에의 파빌리온_ 넓은 장방형의 금속 지붕판과 역시 같은 크기의 바닥판 사이에 대리석이나 투명 유리,
혹은 불투명 유리로 된 벽을 이리저리 배치하여, 밖으로부터 막힌 공간은 실내가 되고, 밖으로 개방된 부분은
실외가 된다.

MORE POWER. LESS CONSUMPTION. SAME EVIL 이라는 카피가 이어져 반 데어 로에의 경구를 패러디하고 있었다. '뉴 미니라는 작은 악마는 힘은 더 세고, 연료는 덜 먹고, 사악함(악마니까)은 똑같다' 라는 이야기가 재미있었다.

스페인 바르셀로나의 몬추익 언덕에는 모더니즘 건축 운동의 상징적인 작품인 반 데어 로에Mise Van Der Rohe의 바르셀로나 파빌리온이 있다. 1929년 바르셀로나 엑스포 독일관 건물이었는데, 엑스포가 끝난 후 해체되었다가 그 건축사적인 의미를 되살리기 위해 바르셀로나 시市가 1986년에 다시 복원했다. 유리와 콘크리트 등 당시로서는 최신의 재료를 사용하여 명쾌한 구조, 엄격한 비례미, 세련된 디테일을 표현해 낸 그 공간 개념과 미학적 표현은 1929년에 설계된 작품이라고 도저히 믿을 수 없을 정도다. 당시에 다른 나라 관館들이 호사스러운 장식의 신고전주의 일색이었던 것에 비추어 보면 반 데어 로에의 앞선 감각을 감탄하지 않을 수 없다.

넓은 장방형의 금속 지붕판과 역시 같은 크기의 바닥판 사이에 대리석이나 투명유리, 혹은 불투명 유리로 된 벽을 이리저리 배치하여, 밖으로부터 막힌 공간은 실내가 되고, 밖으로 개방된 부분은 실외가 된다. 이처럼 수직과 수평에 의해 기하학적 공간이 가변화되고, 실내와 실외가 한 지붕 밑에서 서로 넘나드는 구조는 완전히 새로운 공간 개념이었다. 오늘날에 보아도 초현대식인데, 당시로서는 거의 형이상학적 건축이었을 것이다. 앞쪽과 뒤쪽이 모두 유리지만 지붕판과 바닥이 넓고, 벽체는 간결하여 속은 아늑해 보인다. 내부에는 로에 자신이 디자인한 그 유명한 바르셀로나 의자들 몇 개만이 넓은 공간 안에 덩그러니 자리 잡고 있다.

이와 비슷한 개념으로 1952년 일리노이주 플라노에 건축한 판스워스 주택은 그가 30여 년간 추구해 왔던 구조 및 공간 미학이 완벽하게

▌반 데어 로에가 설계한 Farnsworth-House 미니멀리즘의 극치다.
이 집은 모더니즘 주택의 상징적 건물로 건축학도들이 찾는 박물관이 되었다.

구현된 걸작으로 평가되고 있다. 마치 잔디 위에 떠있는 것처럼 보이는 이 집은 철골과 유리라는 날카롭고 차가운 물질적 요소가 완전히 정신적으로 승화되어 낭만적이고 시적인 건축 작품을 이루었다는 평을 받았다.

바닥면과 평지붕 그리고 테라스의 세 수평면은 여덟개의 수직 강철 기둥으로 용접되어 수직과 수평의 미를 간결하게 표현하고 있으며, 외관은 선부 유리로 되어 있다. 건물은 하얀색으로 주변의 녹색 자연과 조화를 이루고 있고, 큰 유리벽은 내부와 외부를 자유스럽게 이어준다. 밖에서 완전히 보이는 투명한 내부는 깔끔하게 치워져 있다.

보통 집이라면 으레 있기 마련인 온갖 허접 쓰레기와 필요 없는 가구들 혹은 개인 소지품들이 깨끗이 치워져 있다. 거실에는 그림 액자 하나 걸려 있지 않고, 벽에는 벽지나 장식 마감재조차 덧입혀져 있지 않다. 모든 물리적 요소가 더 이상 버릴 것이 없을 때까지 거의 증류 상태로 정화되어 단순하고 초월적인 상태에 도달한 듯이 보였다. 반 데어 로에가 자신의 공간적 구조적 이상을 마음대로 펼쳐 보일 수 있었던 것은 이 집의 위치가 외딴 초원이고 또 단층집이었기에 가능했다. 이처럼 투명하고 단순한 건축은 도시나 또는 큰 빌딩에서는 불가능하기 때문이다.

반 데어 로에가 1938년 일리노이 공대 건축학부에서 했던 개강 연설은 그의 건축 미학을 분명히 밝힌 것이어서 매우 귀중한 자료다. 그는 "건축은 우선 완전히 기능적인 것이다. 그러나 모든 가치들을 한 단계씩 밟고 올라가면 좀 더 높은 정신적 세계에 도달할 수 있고, 그리하여 순수 예술의 왕국에 들어갈 수 있다"라고 말했다.

다시 말하면 처음에는 기술적인 구조와 소재에 대한 기능적 고찰에서 시작하지만 점차 소재들의 디테일과 표현을 섬세하게 정련精練하여 그 최초의 기원을 뛰어넘는 예술적 구조와 공간을 만들어낸다는 것이다. 판스워스 하우스에서 그가 추구했던 것이 바로 이런 구조와 공간 개념이다. 건축주였던 독신의 의사 에디스 판스워스Farnsworth는 이 집이 여름에는 너무 덥고 겨울에는 너무 추워 살 수가 없다며 반 데어 로에에게 손해배상을 청구하기도 했다. 그러나 그 후 주인이 바뀌고 철저하게 최초의 상태로 복원이 된 이 집은 모더니즘 주택의 상징적 건물로 건축학도들이 찾는 박물관이 되었다.

시카고에 있는 레이크 쇼어 드라이브 아파트(1949~1951)는 현대 고층 건물 양식에 깊이 영향을 끼친 두 개의 쌍둥이 빌딩이다. 26층 높이의 두 개의 육면체가 직각 방향으로 배치되어있어 시각에 따라 생동감 있는 변화를 준다. 강철 프레임을 섬세한 모듈로 삼고, 비례와 디테일로 그것을 변형시키는 방식과 함께 이 건축에서 사용한 외부의 철골 디테일은 그후 전세계로 널리 퍼져 소위 인터내셔널 스타일이 되었다. 내부적으로는 고층화와 전면 유리벽의 사용으로 공간의 해방감이 극대화되어 모던한 라이프스타일의 전형이 되었다. 여러 세대의 내부 공간을 한데 모아 사각형 평면을 만들고 이것을 여러 층으로 겹쳐 놓은 후 전체를 유리벽으로 에워싸는 이 방식은 새로운 고층 아파트의 유형으로 자리 잡게 된다.

반 데어 로에가 자신이 일본의 영향을 받았다고 말한 적은 없다. 그러나 바르셀로나 파빌리온이나 판스워스 하우스에서 보이는 텅 빈 공간의 개념은 매우 일본적이다. 공간을 텅 비게 놓아두는 것은 모든 것을 그 가장 본질적인 성질로 환원시키는 것이다.

모든 것을 덜어내어 더 이상 환원시킬 수 없을 때까지 불필요한 물질을 제거한다거나, 하찮은 물질을 높은 단계로 고양시켜 정신적인 존재에 이르게 한다는 등의 반 데어 로에의 미학은 사실상 힌두교나 선禪 불교 또는 중국의 도가道家 사상과 깊은 연관이 있다.

미스 반 데어 로에의 건축에서 볼 수 있는, 벽의 유동적 배치를 통

한 공간의 가변화라든가, 내부와 외부가 서로 넘나드는 구조도 이미
일본의 전통 건축 안에 들어있는 기법이다.

프랭크 로이드 라이트

미국이 자랑하는 근대 건축가 프랭크 로이드 라이트Frank Lloyd
Wright(1869~1959)는 형식에 있어서나 철학에 있어서 일본의 미술과 건
축에 많은 것을 빚지고 있다. 우키요에와 일본의 전통 건축은 그의 구
체적 건축 설계에 큰 영향을 미쳤다. 건물은 그 자체 독립적으로 존재
하는 것이 아니라 그 안에 사는 사람이나 집 주변의 자연과 유기적인
관계를 맺어야 한다는 것이 그의 '유기적 건축organic architecture' 론인
데, 이 개념 역시 상당 부분 일본의 전통 건축에서 영향을 받은 것이

다. 특히 단위 패턴을 반복하는 모듈
러 디자인modular design 개념과, 자연
스러운 소재의 사용, 간결함의 추구,
공간의 유동성 등을 일본의 전통 미
학에서 받아들였다. 그는 보스턴 박
물관 아시아 미술과장이며 『차茶 이야
기』의 저자인 오카쿠라 카쿠조岡倉覺三
(1862~1913)로부터 노자老子의 도가道家
사상을 배웠으며, 일본 건축에서의
공空, void의 개념에 특히 매료되었다.

1905년에 처음으로 일본을 방문했
을 때 그는 일본 전통 건축 양식인 후
스마(ふすま, 襖)와 쇼지(しょじ, 障子)에
흥미를 느꼈다. 후스마란 나무로 틀

▎프랭크 로이드 라이트가 설계한 개인주택 낙수장(waterfall)

▌후스마(ふすま, 襖)_ 벽과 같은 크기의 문으로 닫으면 방이 되고, 열면 넓은 공간이 된다.

을 짜고 양면에 두꺼운 헝겊이나 종이를 바른, 벽체만한 크기의 미닫이 문이다. 그림이 그려져 있기도 하다. 물론 바람과 추위를 막아주거나 습기와 통풍을 조절하는 역할을 하지만 특이한 것은 이것이 방과 방 사이의 내벽을 대신한다는 점이다. 벽으로 칸막이를 하면 방의 크기가 고정되지만 그것을 벽과 같은 크기의 문으로 대체하면 공간이 가변적으로 되어, 닫으면 아늑한 방이 되고 열면 탁 터진 넓은 공간이 된다. 똑같은 개념의 문을 건물의 내부와 외부의 경계선에 끼운 것이 쇼지다. 방과 마당 사이의 미닫이문을 활짝 열어 놓으면 눈 덮인 나무나 흩날리는 꽃잎의 정원 풍경이 그대로 집 안에 들어오는 듯하다. 이처럼 미닫이문을 통해 공간을 가변화하거나, 건물 외부를 내부에 허용하는 공간 개념이 라이트를 사로잡았다.

그는 일본에 올 때 마다 채색 목판화 우키요에浮世繪를 수 백점씩 구입했고, 1906년에는 시카고 미술관Art Institute of Chicago에서 우타가와 히로시게歌川廣重(1797~1858) 회고전을 기획했다. 지금은 헐렸지만 1913년에는 도쿄의 제국호텔을 설계하기도 했다. 그는 건축가이기만 한 것이 아니라 우키요에를 미국에 가져와 파는 익명의 화상畵商이기도 했다는 사실이 최근에 뉴욕의 한 박물관 큐레이터에 의해 밝혀지기도 했다.

일본의 미학

독일 영화제에서 상을 받은 일본 영화 「할복」切腹을 본 적이 있다. 사무라이의 할복을 다룬 탐미적인 내용이었는데, 무사들이 쇼군의 성에 침입하여 여러 개의 방을 지나는 장면이 인상적이었다. 후스마를 열면 방이 나오고, 또 후스마를 열면 또 다른 방이 나오고, 마치 컴퓨터 그래픽처럼 끊임없이 방이 이어졌는데, 다다미가 깔린 그 방들은 하나같이 아무것도 없이 텅 빈 공간이었다. 나중에 교토의 니조조二條城를 방문했을 때, 옛 성의 다다미방에는 아무런 가구도 놓지 않는 것이 원칙이라는 것을 알았다. 가구 뒤에 자객이 숨어 있을까 염려해서라든가? 여하튼 문이 열리고 또 열리며 계속 이어지는 텅 빈 방들의 공허함! 나는 그 때 그냥 텅 비어 있다는 것이 이렇게 아름다운 것일 수 있다는 것을 처음으로 깨달았다.

일본의 다도茶道나 하이카이俳諧(전통 시가의 총칭)를 관통하는 와비(わび, 侘), 사비(さび, 寂)라는 미학이 있다. 가난함이나 부족함에서 마음의 충족을 끌어내는 미의식이다. 사비는 단순한 호젓함이나 낡음이 아니라 고요함 속에서 한없는 깊이와 넓이를 깨닫는 미의식이다. 비록 세속을 벗어나 적막한 생활을 할지라도 그 서글프고 한적한 삶에서 오히려 아취를 느끼고 탈속의 경지에 이르는 미의식이다. 모든 것을 버린 가운데 인간의 본질을 붙잡고, 삶을 관조하라는 정신인 것이다.

부족함의 미학은 12세기의 승려 요시다 켄코吉田兼好에게서 처음으로 발견된다. 그는 활짝 핀 벚꽃이나, 구름 없는 보름달만 아름다운 것이 아니라, 아직 채 피지 않은 꽃이나 시들어 땅에 떨어진 꽃들, 혹은 이지러지거나 구름 속에 갇힌 달도 아름답다고 말했다. 일본 도자기에서 흔히 보이는 찌그러진 듯한 그릇 혹은 깨진 것 같은 수반水盤들이 모두 이런 불완전한 것에 바치는 경의의 미학인 것이다.

와비는 투박하고 조용한 상태를 가리킨다. 형용사인 와비시이는 '열등한 상태'를 뜻하는데, 이것이 조잡한 모양 또는 간소한 모양이라는 뜻으로 전환되었다. '가난한 모양'으로도 해석될 수 있어서, 원래는 미의식과 전혀 상관이 없었지만 불교 선종에서 적극적으로 평가되면서 높은 미의식의 하나로 정립되었다.

단순하고 소박한 물건의 가치를 강조하는 와비는 물질의 가장 내밀한 성격을 드러내기 위해 불필요한 모든 것을 비워내고 덜어낼 것을 종용한다. 방의 진짜 아름다움은 천정과 벽으로 이루어진 빈 공간 안에 있다는 생각은 비어있음을 도道의 참모습으로 삼는 노자老子로부터 온 것이다.

노자는 도道란 텅 비어 있어서 아무리 그것을 써도 가득차지 않는다고 말했다道冲 而用之或不盈. 또는 하늘과 땅 사이는 텅 비어있으나 다함이 없고, 그 안에서는 움직일수록 에너지가 생겨난다고도 말했다虛而不屈 動而愈出. 도에 이르기 위해서는 우선 무위無爲해야 하는데, 무위를 이루는 방법은 거심去甚, 거사去奢, 거태去泰이다. 즉 지나치지 아니하고, 사치를 배격하고, 교만을 멀리하는 것이다. 이처럼 '덜고 또 덜어내어야만 비로소 무위에 도달한다'損之又損, 以至於無爲고 했다. 이런 노자의 사상이 일본적 단순함의 미학의 뿌리이다.

불필요한 모든 것을 덜어내고 텅 빈 단순함에 이르러 삶의 본질만을 남기라는 것은 선禪 불교의 가르침이기도 하다. 선禪의 경지를 가장 잘 구현한 것이 일본의 전통 정원 양식 중의 하나인 카레산스이枯山水이다. 교토의 대표적인 선종 사찰 료안지龍安寺(1397년)는 흔히 무로마치室町시대의 건축양식을 보여주는 금각사金閣寺로 유명하지만 일본적인 미학에 관심이 있다면 모래와 바위로만 이루어진 카레산스이 정원이 더 소중하다. 모래는 곱게 빗자국이 나 있고, 크고 작은 15개의 돌이 드문드문 놓여 있다. 영어로는 sand garden 또는 zen empty garden이라고도 한다. 각각의 돌은 다양한 사물을 상징한다거나 모래는 대양을 상징한다거나 하는 말도 있지만, 덜고 덜어내 마침내 생명까지 덜어낸다는 극도의 절제미의 상징이 아닐까?

▌료안지의 카레산스이_ 모래는 곱게 빗자국이 나 있고, 크고 작은 15개의 돌이 드문드문 놓여 있다. 영어로는 sand garden 또는 zen empty garden이라고도 한다.

안도 타다오의 미니멀한 건축 ▌

▌ 스티브 잡스가 교토에 올 때마다 묵었다는 300년 된 다와라야 료칸俵屋旅館

모든 것을 덜어내 본질에 이르는 수행은 마음을 다스리는 금욕적 가치일 뿐만 아니라 대상 물질의 참된 모습을 보여주는 인식의 수단이기도 하다. 이 단순함이 다름 아닌 미니멀리즘이다.

현대 일본의 대표적 건축가인 안도 타다오安藤忠雄(1941~)의 콘크리트 건축이야말로 미니멀리즘의 전형이다. 그는 일본의 전통적 미학을 현대 서구 건축과 결합시켜, 가장 기본적인 기하학적 요소와 구조들을 장식 없이 단순하게 반복하는 기법을 쓰고 있다. 콘크리트나 나무 같은 단순하고 흔한 소재를 사용하여 물질에 대한 소박한 자세를 보여주고, 자연광을 최대한 이용하여, 건물과 주변, 또는 건물과 하늘, 땅, 공기와의 관계를 중시한다. 필요 없는 것은 모두 덜어내고, 부분과 디테일을 세심하게 신경쓰는 그의 간결함의 미학은 가시적 물리적인 대상을 넘어서 비가시적 정신적 차원에까지 이르는 깊은 성찰을 보여준다.

스티브 잡스와 일본의 미학

스티브 잡스는 보이지 않는 사소한 것들에도 혼신의 힘을 쏟아 부었다. 제품 디자인이라기보다는 차라리 예술품을 만들어내는 듯한 자세였다. 제품의 디자인이나 제조 과정에서 그가 보여준 병적인 완벽주의와 구현된 제품의 간결한 아름다움에서는 어쩐지 일본적인 정신과 일본적인 미학이 느껴진다. 과연 그가 부분적으로 보여준 면모에서 가끔씩 불쑥 불쑥 일본 코드가 드러나곤 했다. 프레젠테이션 할 때마다 입어서 그를 상징하는 아이콘이 된 청바지와 검정 터틀넥 스웨터 중 검정 터틀넥은 일본의 유명 디자이너 이세 미야케가 디자인한 것이다.

1982년 어느날 자기 방에서 찍은 27살의 스티브 잡스의 사진 한 장은, 그가 손에 찻잔과 책을 든 채 방석에 가부좌를 틀고 앉아 카메라를 응시하고 있는 모습을 보여준다. 방에는 전등과 오디오, 몇 장의 LP 말고는 아무 장식도 가구도 없다. 절제된 단순함이 강하게 선불교의 분위기를 풍긴다. 결혼식 주례는 일본 선불교의 승려가 맡았다고 한다.

세계 최고의 부자가 된 후에도 그의 집 거실에는 일본계 미국인 나카시마가 디자인한 몇 개의 가구가 단촐하게 놓여 있었다고 한다. 나카시마 역시 자연의 결을 그대로 살린 원목가구로 동양적 세계관을 구현해 냈다는 평을 듣는 디자이너다. 사후에 출간된 전기에서 스티브 잡스는 자기가 가장 좋아하던 여행지가 일본이었다고 털어 놓았다. 10여 년 전 큰 딸 리사와 함께 도쿄의 오쿠라 호텔에서 장어초밥을 먹는 장면이 나온다. 일본의 고도인 교토를 좋아하여 수없이 방문했고, 갈 때마다 과거 에도江戸시대 막부들의 숙소였던 일본식 전통 여관 다와라야 료칸俵屋旅館에 묵었다고도 했다.

일본의 힘

우리는 식민지 경험 때문에 일본을 객관적으로 바라보기가 어려웠다. 일본에 대한 기존의 학문적 연구도 좁고 얕지만, 일본에 대한 긍정적 평가를 무조건 사갈시蛇蝎視하는 원리주의 민족주의자들의 존재가 신진 학자들의 일본 연구 의욕을 좌절시켰기 때문이다.

삼성에도 일본식의 치밀함과 엄격함의 문화가 있다. 삼성의 성공을 이끈 중요한 요인이었을 것이다. 그러나 기업 규모가 커지면서 과거에 경영의 효율성을 높이는데 효과적이었던 이 엄격함의 문화는 오히려 창의적 실험정신을 억압하는 측면이 있는 것 같다. 삼성이 애플 신드롬에 크게 당황했던 이유가 이것이었다. 똑같이 일본적인 것을 받아들였는데, 우리에게는 무엇이 부족했을까?

일본은 제품 아닌 문화를 팔고 있다. 2004년 워싱턴 포스트는 '지구상에서 가장 쿨한 나라가 일본'이라고 과감하게 일본을 찬양한 적이 있다. 문화의 시대, 인문학의 시대, 예술의 시대인 미래 사회에서 품질만 가지고는 더 이상 경쟁할 수 없다. 고급스러운 이미지를 내세워 품격을 팔아야 한다.

일본은 이미 12세기부터 미학적인 이론이 개발되어 탄탄한 인문학적 기반을 가지고 있다. 일본인의 생활 속에 섬세하게 스며든 중국의 노장老莊 사상과 선불교의 원리를 고유의 미의식으로 발전시킨 것이다. 그것을 국민 속에 널리 전파시켜 수준 높은 국민을 만든 것도 일본 문화의 경쟁력을 높인 요인이다. 이미 100년 전에 시작된 독서 장려 운동에서 그 단서를 볼 수 있다. 메이지 시대를 거치면서 일본인들은 세계적인 독서 국민이 되었는데, 그것은 일등국은 곧 문명국이라는 지도층의 이념에 따라 대대적인 국민 독서 장려 운동(1897~1906)이 펼쳐졌기 때문이다. 국민의 지적 수준을 높이기 위해 곳곳에 신문 종람소縱覽所와 도서관이 건립되었고, 이것이 철도와 출판 유통업의 발달과 맞물리면서 국민의 수준을 고르게 높여 놓았다. 일본은 그 후 인력거꾼과 창기娼妓까지 계층과 직업의 구분 없이 책 읽는 국민이 되었다. 이 독서의 힘이 서양 문물의 흡수와 함께 자기 나라의 미학적 정신적 가치에 대한 자부심을 심어 주었을 것이다. 지금도 일본의 지하철에서 많은 사람들이 책을 읽는 모습은 우리를 부럽게 한다. 역시 한 나라의 국운은 지도자의 의식에 달린 것이다.

오늘날 무라카미 하루키, 무라카미 다카시, 안도 다다오, 미야자키 하야오, 겐조, 요시토모 나라, 후미히코 마키, 요시오 다니구치… 이루 손꼽을 수 없을 정도로 많은 일본의 예술가들이 서구에서 확고한 자리를 차지하고 있는 것은 결코 최근의 현상이나 우연의 결과가 아니다.

지진과 쓰나미라는 자연 재해로 완벽함의 신화는 크게 손상을 입었고, 경제도 어려워서 일본에 대한 서구인들의 경탄은 많이 퇴색했다. 그러나 간결하고 쓸쓸한 미의식의 바탕 위에서 완벽함과 디테일을 추구하는 일본인들의 구도적 자세는 사람들의 마음속에서 그리 쉽게 지워지지 않을 것이다. K-Pop의 인기로 우리는 한껏 고무되어 있다. 물론 자랑스럽고 희망적인 일이다. 그러나 그것이 전부여서는 안된다. 사람들을 깊이 감동시키는 것은 결국은 고급스러운 정신적 가치이기 때문이다.

세계를 움직인
애플(사과)의 힘

헤브라이즘의 사과
헬레니즘의 사과
애국심의 사과
물리학의 사과
백설공주의 사과
세잔의 사과
초현실주의의 사과

세계를
움직인
애플(사과)의 힘

회고적으로 생각해 보면 1980년 12월 둘째 주는 한 개의 사과가 떨어지고 다른 한 개의 사과가 높이 올라간 역사적 순간으로 기록될 것 같다. 월요일에 비틀스의 전 멤버 존 레논이 광적인 팬에 의해 살해되었고, 금요일에는 애플 주식의 공모가 시작되어 스티브 잡스라는 무명의 젊은 청년이 하룻밤 새 2천억 원을 벌었기 때문이다. 존 레논의 죽음으로 비틀스는 해체되었고, 비틀스의 음악으로 큰돈을 벌었던 애플 음반사가 몰락의 길을 걸었던 반면에, 애플 컴퓨터는 새로운 개인용 컴퓨터 시대를 열면서 화려하게 등장했다. 실제로 그 후 스티브 잡스는 애플이라는 이름을 두고 비틀스 저작권자들과 싸워야 했다. 이이팟 출시 후 음반시장을 장악하면서 두 애플의 경쟁은 더욱 깊어졌다. 그들은 아이작 뉴턴 이후 가장 큰 중력重力의 사과를 소유한 역사적 인물이 되었다. 사과만큼 우리의 인문학적 상상력을 자극하는 과일도 없을 것이다. 영어 숙어에 the apple of one's eye라는 말이 있다. '눈동자'라는 최초의 의미에서 더 나아가 '매우 소중한 것', '장중보옥掌中寶玉'이라는 비유적 의미를 가지고 있다. 어하튼 스티브 잡스의 애플은 사과의 인문학에 또 하나의 굵은 획을 그었다.

헤브라이즘의 사과

기독교 사상에 의하면 사과는 거의 인류의 기원과 맞먹는다. 아담과 이브가 선악의 사과를 먹지 않았다면 지금과 같은 인류는 생겨나지 않았을 것이니 말이다. '창세기'의 구절은 다음과 같다.

"여호와 하나님이 동방의 에덴에 동산을 창설하시고 그 지으신 사람을 거기 두시고, 그 땅에서 보기에 아름답고 먹기에 좋은 나무가 나게 하시니 동산 가운데에는 생명나무와 선악을 알게 하는 나무도 있더라. 여호와 하나님이 그 사람에게 명하며 가라사대 동산 각종 나무의 실과는 네가 임의로 먹되 선악을 알게 하는 나무의 실과는 먹지 말라, 네가 먹는 날에는 정녕 죽으리라 하시니라 (…) 여호와 하나님의 지으신 들짐승 중에 뱀이 가장 간교하더라 뱀이 여자에게 이르되 너희가 그것을 먹는 날에는 너희 눈이 밝아 하나님과 같이 되어 선악을 알 줄을 하나님이 아심이니라 여자가 그 나무를 본 즉 먹음직도 하고 보암직도 하고 지혜롭게 할 만큼 탐스럽기도 한 나무인지라 여자가 그 실과를 따먹고 자기와 함께 한 남편에게도 주매 그도 먹은지라 이에 그들의 눈이 밝아 자기들의 몸이 벗은 줄을 알고 무화과나무 잎을 엮어 치마를 하였더라 (…) 내가 네게 잉태하는 고통을 크게 더하리니 네가 수고하고 자식을 낳을 것이며 너는 남편을 사모하고 남편은 너를 다스릴 것이니라 하시고 아담에게 이르시되 네가 네 아내의 말을 들

▍크라나크의 아담과 이브

고 내가 너더러 먹지 말라 한 나무 실과를 먹었은즉 땅은 너로 인하여 저주를 받고 너는 종신토록 수고하여야 그 소산을 먹으리라. 땅이 네게 가시덤불과 엉겅퀴를 낼 것이라 너의 먹을 것은 채소인즉 네가 얼굴에 땀이 흘러야 식물을 먹고 필경은 흙으로 돌아가리니 그 속에서 네가 취함을 입었음이니라 너는 흙이니 흙으로 돌아갈 것이니라 하시니라"

성경에는 그 과일을 '사과'로 특정하지는 않았다. 그것이 사과로 여겨지는 데에는 아마도 역사-지리적 식물지植物志와 관련이 있을 것이다.

헬레니즘의 사과

희랍 신화에 나오는「파리스의 심판」에서 사과는 트로이 전쟁의 원인이 된다.

제우스는 펠레우스와 테티스의 결혼 축하연을 베푼다. 그런데 불화의 여신인 에리스가 초청받지 못한다. 분노한 에리스는 황금 사과를 들고 와 연회 장소에 던진다. 이 사과에는 '가장 아름다운 여인을 위하여'라고 새겨져 있다. 세 여신이 서로 이것을 자기 것이라고 주장한다. 헤라(주노), 아테나(미네르바), 아프로디테(비너스)이다. 그녀들은 자기들 중 누가 제일 예쁜지 결정해 달라고 제우스에게 청한다. 마음이 내키지 않은 제우스는 트로이의 청년 파리스에게 그 심판을 맡긴다.

세 여인은 에르메스의 안내로 이다 산에 가 샘물에서 목욕하고 파리스와 대면한다. 심판을 위해 여인의 몸을 자세히 보아야 한다는 파리스의 요구가 있었는지 아니면 그를 성적으로 유혹하기 위해 스스로 그렇게 했는지는 모르나 하여튼 그녀들은 모두 발가벗은 상태로 파리스의 앞에 섰다. 혹은 아프로디테만 옷을 벗었다는 판본도 있다.

파리스가 심판을 하는 동안 여인들은 파리스를 매수하기 위해 온갖

루벤스 파리스의 심판

제안을 다 한다. 혜라는 그를 유럽과 아시아의 왕으로 삼겠다고 했고, 아테나는 지혜와 전쟁 기술을 주겠다고 했으며, 아프로디테는 세상에서 가장 아름다운 여인의 사랑을 주겠다고 했다. 그 여인은 스파르타의 왕비인 헬레나였다. 파리스는 아프로디테의 선물을 받아들여 그녀에게 사과를 주었다. 물론 헬레나를 연인으로 삼게 되었다. 이 헬레나를 되찾아 오기 위한 그리스의 원정이 바로 트로이 전쟁이었다.

애국심의 사과

월리엄 텔은 스위스의 민족 영웅인데 그 전설에서 사과는 아주 중요한 모티프다. 월리엄 텔은 14세기 초 오스트리아 합스부르크 왕조의 침략을 물리친 스위스의 전설적 영웅으로 석궁의 명사수였다. 지방 행정관으로 파견되어 스위스 국민들을 심하게 억압했던 독재자 게슬러는 도시의 중심 광장에 기둥을 세우고 그 꼭대기에 자기 모자를 걸어 놓아 모든 시민들이 그 앞에서 절하도록 했다. 1307년 11월 18일, 텔은 어린 아들과 함께 모자 옆을 지나치며 공개적으로 모자에 절하기를 거부했다. 그리고 당연히 체포되었다. 텔이 석궁의 명사수라는 소문을 익히 듣고 있던 게슬러는 잔인한 벌을 제안했다. 텔과 그의 아들은 처형될 것이지만 만일 텔이 아들 월터의 머리 위에 얹힌 사과를 활로 한 방에 맞히면 살려 주겠다는 것이었다. 텔은 한 방에 사과를 맞혔다. 어린 아들에 대한 사랑과 애국심이라는 애틋하고도 숭고한 파토스가 감동을 주는 이야기이다.

스토리는 더 계속된다. 게슬러는 텔이 화살통에서 화살을 한 개가 아니라 두 개를 꺼냈다는 것을 알아차리고, 그를 방면하기 전에 그 이유를 묻는다. 텔은 만일 그가 자기 아들을 죽게 했다면 나머지 화살로 게슬러 자신을 쏘아 죽이기 위해서라고 말했다. 게슬러는 대노했고, 텔을 다시 묶었다. 그는 텔을 배에 실어 루체른 호수를 건너 쿠사나하트 성으로 향하게 했다. 그러나 폭풍우가 몰아쳐 배가 난파할까 두려웠던 병사들은 텔을 풀어 주어 그에게 노를 젓게 했다. 밧줄에서 풀린 텔은 배에서 옆의 바위산으로 뛰어 올라 도망쳤다. 육로로 성

▎아들의 머리 위에 사과를 쏘고 있는 윌리엄 텔

에 도착한 그는 두번째 화살로 게슬러를 죽였다. 이 이야기가 도화선이 되어 반란이 일어났다. 여기서 그는 중요한 역할을 했고, 그것이 초기 스위스 연방 건설을 위한 동력이 되었다.

물리학의 사과

사과나무 아래서 사색을 하던 뉴턴Isac Newton(1642~1727)은 사과가 땅에 떨어지는 것을 보고 문득 만유인력의 법칙을 발견했다. 물론 만유인력 같은 어려운 이론이 어느 한 순간 갑자기 머리에 떠오른다는 것은 있을 수 없는 일이다. 그러나 뉴턴이 사과나무를 보면서 만유인

력에 대한 사색을 했다는 것은 그의 지인들의 회고록에서 확인되고
있다.

  윌리엄 스터클리는 『아이작 뉴턴 경의 일생에 대한 회고』(1752)에
서 둘이 정원에 나가 사과나무 그늘에서 차를 마셨던 에피소드를 전
한다. 이런 저런 이야기를 하던 중 뉴턴은 그에게 이 나무 아래에서
생각에 잠겼을 때 중력重力의 개념이 머릿속에 떠올랐다고 하면서 다
음과 같이 말하더라는 것이다. "사과는 왜 항상 땅으로만 떨어지는
가? 왜 그것은 옆으로 혹은 위로는 가지 않는가? 아마도 땅이 그것을
끌어 잡아당기기 때문일 것이다. 그리고 그 끌어 잡아당기는 힘引力의
총화는 아마도 지구의 중심에 있을 것이다. 사과가 항상 수직으로 중
심을 향해 떨어지는 것에서 그것을 알 수 있다. 그것이 사실이라면 떨
어지는 속도는 물질의 양에 비례할 것이다. 그러므로 땅이 사과를 끌
어 당기는만큼 사과도 또한 땅을 끌어 당긴다."

  뉴턴의 조수였으며, 그의 질녀姪女와 결혼한 존 콘두이트도 사과에
관련된 일화를 전해 준다. 뉴턴이 링컨샤이어에 있는 어머니 집에서
어느날 정원을 거닐며 사과를 땅으로 이끄는 인력이란 무엇일까? 사
색하고 있을 때 갑자기 중력의 범위는 지구에서 가까운 곳에만 한정
되지 않을 것이라는 생각이 들었다. 왜 달까지 미치지는 않겠는가? 만
일 그렇다면 지구의 인력은 달의 움직임에 영향을 미칠 것이며 그것
이 달을 그 궤도 속에 잡아 두는 요인일 것이라고 그는 혼잣말을 했다
는 것이다.

  동시대 프랑스의 계몽주의 철학자인 볼테르도 『서사시에 관한 시
론』(1727)에서 "아이작 뉴턴 경은 정원 산책 중 사과가 나무에서 떨어
지는 것을 보고 만유인력 체계를 처음으로 생각했다"고 썼다.

  지금 영국에는 여러 그루의 나무들이 뉴턴의 사과나무의 후손이라
고 말해진다. 울스토프 저택 측은 그 곳 정원에 있는 사과나무가 바로

뉴턴의 사과나무라고 주장하고 있고, 뉴턴이 다녔던 케임브리지 대학의 트리니티 칼리지 정문 밖에 있는 것이 원래 나무의 후손이라는 말도 있다. 뉴턴이 그 곳에서 공부할 때 머물렀던 방의 창문이 바로 그 위에 있기 때문이다. 여하튼 케임브리지 대학의 식물원에는 뉴턴의 사과나무의 후손이라는 사과나무가 있다.

백설공주의 사과

코르셋으로도 머리빗으로도 백설공주를 죽일 수 없었던 왕비는 마침내 독사과를 만들어 바구니에 넣고 농부의 아내로 변장한 후 일곱 개의 산을 넘어 일곱 난쟁이의 오두막집을 찾는다. 사과는 겉으로 보면 새빨갛고 오동통해 너무도 탐스러웠다. 사과를 본 사람은 누구나 한 입 깨물어 먹고 싶은 충동을 느끼지 않을 수 없을 정도다. 그러나 이 사과를 입에 대는 사람은 그 자리에서 죽고 말 것이다. 왕비가 문을 두드리자 공주는 창문으로 머리를 내밀고 아무도 집 안에 들여 놓으면 안된다고 말한다. 사과를 공짜로 준다고 해도 역시 받을 수 없다고 한다. 그러자 노파는 독이 칠해져 있지 않은 사과의 반쪽을 먹고 나머지 반쪽을 공주

▌백설공주의 사과

에게 준다. 빨갛게 탐스러운 사과를 보고 더 이상 참지 못한 공주는 창문 밖으로 손을 뻗어 사과 반쪽을 받아먹는다. 사과를 한 입 깨물기 무섭게 백설공주는 정신을 잃고 바닥에 쓰러진다.

▌ 세잔의 사과_ 세잔에게 있어서 사과는 구형球形의 형태였다. 구형이야말로 사과가 가질 수 있는 가장 본질적인 형태라고 그는 생각했다.

세잔의 사과

세잔Paul Cezanne(1839~1906) 만큼 사과와 관련이 깊은 화가도 없다. 그를 다룬 책들의 제목만 보아도 그것을 알 수 있다. 미술 사가인 메이어 샤피로Meyer Schapiro는 '세잔의 사과: 정물화의 의미에 대한 시론'(1978)에서 세잔의 사과를 주로 정신분석학적 측면에서 다루었고, 니우 수 팡Nieu Su Fang은 『사과의 세계를 정복하다: 세잔의 회화』를 썼으며, 로렌스 안홀트Laurence Anholt의 어린이용 세잔 전기는 제목이 『세잔과 사과 소년』이다.

세잔은 사과를 소재로 한 정물화를 여러 점 그렸다. 어느 때는 사과만 그렸고 또 어느 때는 바구니에 이리저리 담긴 사과와 오렌지 등을 그렸다. 사과 하나를 그리면서도 수십 번 칠하고 다듬고 고치느라 결국 그림을 완성하기 전에 사과가 썩는 일도 있었다고 한다. 인상주의자들에게 있어서 사과는 빛에 의해 형태가 일그러지고 색감이 수시로 변하는 순간의 인상일 뿐이지만 세잔은 그 순간성을 극복하는 견고한 실체로서의 사과를 그리고자 했다.

세잔에게 있어서 사과는 구형球形의 형태였다. 구형이야말로 사과가 가질 수 있는 가장 본질적인 형태라고 그는 생각했다. 그 사과에 그는 농담濃淡 없는 순수한 색을 칠했다. 그래서 전통회화에서라면 명암明暗이 들어섰을 사과의 앞뒷면에 각기 따뜻한 색과 차가운 색의 넓은 색면이 단순하게 칠해져 있을 뿐이다.

세잔은 평평한 2차원의 평면인 캔버스에 입체적인 3차원의 세계를 그려낸다는 것이 결국은 눈속임에 불과하다는 것을 깨달았다. 그림 속의 사과이면서도 진짜 사과인 양 보이기 위해 온갖 트릭을 쓰는 회화기법을 거부하고 그는 오로지 형태와 색들로만 이루어진 완벽한 그림으로서의 사과를 창조해 냈다. 그러니까 눈속임의 기법인 원근법 따위는 필요 없었고, 원근법의 기본인 시점을 통일할 필요도 없었다.

'부엌의 식탁'(1888~1890)은 과일 바구니와 식탁의 시점이 어긋나 있다. 사기 주전자, 오지 항아리, 모과 등이 몇 개의 흰 냅킨 위에 아무렇게나 놓여 있는 탁자는 비스듬히 위에서 바라 본 시점인 반면 뒤편의 과일 바구니는 완전히 옆에서 바라본 시점이다. 현실 속에서라면 도저히 불가능한 배치인데도 세잔의 그림에서는 아름다운 조화를 이루고 있다.

사과와 오렌지

「사과와 오렌지」(1895~1900)는 바로크적인 구도에 터치가 매우 자유로운 그림이다. 운두가 있는 과일 접시 혹은 납작한 접시에 놓여 있거나 식탁 상판의 냅킨 위에 여기저기 놓여져 있는 사과와 오렌지들은 날카로운 삼각형의 구도를 보이면서 당장이라도 방바닥으로 굴러 떨어질 것 같다. 그러나 이런 불안정감이 오히려 회화의 생동감을 연출한다.

사과가 있는 정물

「사과가 있는 정물」(1890~94)에서 사과 밑에 놓인 접시는 오른쪽에서 갑자기 사라진다. 왼쪽에서는 접시가 사과 밑으로 나와 있는데, 오른쪽에서는 사과들이 접시를 다 가리고 있다. 원형 탁자의 타원형은 접시 뒤에서 이상하게 평평해지며, 찻잔 받침은 좌우 대칭이 맞지 않고, 컵의 대칭도 손잡이에 의해 무너진다. 첫째 줄의 사과는 둘째 줄의 사과와 어색하게 접점을 이룬다. 둥글거나 각진 사과의 윤곽선들은 옆에 있는 카드나 컵 받침과 심하게 불협화음을 이룬다. 이상하게 비대칭적이지만 우리는 이 그림에서 전혀 부자연스러움을 느끼지 않는다.

"회화는 오로지 회화만의 목적을 갖는다. 화가가 사과 혹은 얼굴을 그리는 것은 오로지 선과 색채를 그리기 위한 구실일 뿐이다"라고 그는 말했다. 자기 아내를 모델로 해서 그린 「커피 주전자와 여인」

커피 주전자와 여인

(1890~1895)은 그런 점에서 사과와 함께 가장 세잔 적인 그림이다.

푸른 옷을 입은 여인의 뒤에는 사각형의 액자들이 두 줄로 걸려 있어 마치 기하학적 도면을 연상시키는 벽면이 있고, 여인이 팔을 기대

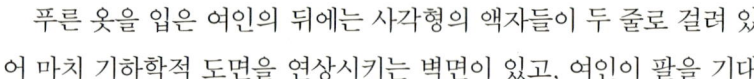

고 있는 탁자 위에는 한없이 광물질적인 은회색 원통의 주석 커피포트가 있다. 약간의 음영이 진 여인의 푸른 색 옷, 기하학적 형태의 배경 벽면, 흘러내릴 듯한 오렌지색의 식탁보 등이 조합된 이 그림에서는 전혀 인간의 냄새 혹은 따뜻한 실내 공간의 아늑함이 느껴지지 않는다. 그러나 사람의 감성을 매혹하는 화사한 역동성과는 질적으로 다른 전혀 새로운 차원의 차가운 아름다움이 우리의 시선을 사로잡는다.

세잔이 그린 것은 실제 인간으로서의 그의 아내가 아니다. 인물의 초상과 배경은 타원형, 원통형, 삼각형, 사각형들을 그리기 위한 구실이었을 뿐이다. 그리하여 타원형의 얼굴, 원통형의 팔, 삼각형의 스커트, 원통형의 커피포트와 찻잔, 사각형의 벽 등이 그려진 것이다. 이 그림에서 우리는 자기 아내에 대한 세잔의 그 어떤 감상도 찾아볼 수 없다. 그는 아내에 대한 자신의 감정을 그린 것이 아니라 아내의 물리적 몸에서 파악된 형태와 색채를 그렸을 뿐이다. 그렇게 함으로써 그는 현실 속의 아내를 종속적으로 재현해 낸 것이 아니라 회화 속의 아내라는 한 여인을 창조한 것이다.

굴러 떨어질 듯한 사과의 비현실적인 아름다움, 여인의 푸른색 옷과 주석 주전자의 질감이 불러일으키는 비인간적 차가움의 미감들은 결국 그림이기에 가능한 일들이다. 그림만이 줄 수 있는 아름다움이기도 하다. 이처럼 회화적 공간은 현실과 완전히 다른 세계이다. 회화가 현실을 재현하려는 허황된 꿈을 갖기 보다는 회화 고유의 질서를 추구해야 할 이유이기도 하다. 이것이 바로 모더니즘의 원칙이었다.

세잔의 사과는 회화의 역사를 바꿨다. 스티브 잡스가 우주에 흔적을 남기고 싶어make a dent in the universe 했듯이 세잔은 사과 한 개로 파리를 깜짝 놀라게I will astonish Paris with an apple하고 싶어 했다. 소원대로 과연 두터운 마티에르를 팔레트 나이프로 마구 깎고 긁어댄 그의 사과는 파리를 점령했고, 이어서 회화의 흐름을 바꿔 놓았다. 원통

▍마그리트의 Listening Room_ 사물들 사이의 비례만 달리 하면 이때까지 낯익었던 모든 일상적 대상들이 갑자기
낯설고 기괴해진다.

cylinder, 구球 sphere, 원뿔형cone 등의 기하학적 형태로 환원된 그의 정물화는 곧 이어 큐비즘 그리고 추상회화로 이어졌다. 그는 모던 회화의 아버지, 큐비즘의 아버지가 되었다. 피카소, 브라크, 몬드리안, 미로, 칸딘스키, 브랑쿠시 등의 입체주의자들이 공간, 표면, 형태, 색채 등의 창안과 배치에 몰두했고, 이런 요소들 속에 들어오지 않는 것은 무엇이든 배제했는데, 이들은 모두 세잔에 많은 것을 빚지고 있다.

2011년 4월 프랑스의 한 블로거는 프랑스에서의 아이패드 판매가 미국 다음으로 세계에서 두 번째라는 통계 숫자를 전하며, "사과(애플)가 파리를 놀라게 한다는 세잔의 말은 사실이다"라는 재담을 날렸다.

초현실주의의 사과

마그리트는 「이것은 파이프가 아니다」라는 시리즈 그림으로 유명하지만 「이것은 사과가 아니다」(1964)라는 그림도 있다. 마른 잎이 네 개 달린, 별로 잘 익지도 않고 신선하지도 않아 보이는, 꼭지 부분만 조금 빨갛고 전체적으로 연두색인 사과가 화면 가득히 그려져 있다. 위에는

이것은 파이프가 아니다

「이것은 파이프가 아니다」의 글자체와 똑같은 서체로 Ceci n'est pas une pomme(이것은 사과가 아니다)라는 글이 쓰여 있다. 텅 빈 화면에 사과만 덩그러니 그려져 있어 완전히 2차원의 그림인데, 이상하게도 사과의 오른쪽 절반은 검정색의 테두리가 둘러쳐져 갑자기 3차원의 명암을 이루고 있다.

방안 가득 들어찬 커다란 녹색 사과 한 개를 그려놓고, 제목을 「듣는 방」Listening Room(1958)이라고 붙인 그림도 있다. 너무나 사실적인 사과일 뿐인데 그것으로 화면을 가득 채우고 네 모서리에 천정, 벽, 바닥의 삼면체를 그려 넣으니 갑자기 엄청나게 신비스러운 분위기의 사과가 되었다. 사물들 사이의 비례만 달리 하면 이때까지 낯익었던 모

든 일상적 대상들이 갑자기 낯설고 기괴해진다. "내 그림들은 아주 낯익은 대상들을 묘사하지만 끊임없이 질문을 유발한다. 예를 들어 이 사과를 보라. 당신은 이것이 무엇을 말하는지, 왜 이것이 그렇게 신비롭게 보이는지 이해할 수 없을 것이다..."

사과를 소품으로 이용한 그림도 많다. 언제나 조금 시들었거나 혹은 녹색의 사과다. 피 흘리는 석고 두상 옆에 놓인 사과('기억', 1945)는 전혀 먹고 싶은 생각은 들지 않게 무채색이다. 커튼처럼 잘라진 구름 하늘과 역시 맥락 없이 잘라진 두 칸의 커튼이 하늘을 배경으로 마치 거대한 장화처럼 나란히 서있는 지그재그형 대臺에 아무 이유도 없이 사과 (「아름다운 세계」, 1962) 한 개가 놓여 있다. 역시 그린이지만 사과 표면은 주름 하나 없이 매끈하여 마치 나무로 조각한 사과 같다. 중절모 쓴 남자의 얼굴을 초록색 사과로 완전히 뒤덮은 그림도 있다(「인간의 아들」). 마그리트의 사과는 익숙한 대상을 갑자기 섬뜩하게 만들어 주는 숭고의 사과이면서 여기 저기 조금씩 다르게 변형되어 자꾸만 분신을 만들어 가는 시뮬라크르의 사과이기도 하다.

후기

　단순히 스마트폰으로 음성통화를 하는 노년층에서부터 문자 메시지를 주고받는 초등학생에 이르기까지 현대인은 모두가 디지털 미디어와 밀착된 생활을 하고 있다. 구글 검색을 하고 이메일을 수시로 훑어보고, 블로그와 페이스북에 글을 새로 올리고, 트위터로 쉴 새 없이 올라오는 소식을 확인하고 퍼 나르고 리트윗하면서 하루를 보낸다. 잠잘 때를 제외하면 한 시도 '연결된' 상태를 벗어나지 못하는 '24시간 on' 의 상태다. 스마트 기기의 사용은 직장인들의 인간관계, 학생들의 놀이 등 일상에서부터 비즈니스 환경과 정치에 이르기 까지 엄청난 변화를 불러 오고 있다.

　정신적으로는 사람들의 삶이 황폐해 진다는 것이 가장 큰 문제다. 스마트 미디어가 방출하는 정보의 홍수 속에서 사람들 사이의 대화가 사라지고, 스스로를 조용히 성찰하는 시간이 없어지는 것이 개인적인 측면이라면, 익명성에 몸을 숨기고 한 사람을 집중적으로 '신상身上털기' 하는 것은 현대판 마녀 사냥이다.

　그래서 디지털 사회를 아예 거부하는 사람도 나온다. "컴퓨터의 사용이 새로운 생각이라면 그것을 사용하지 않는 것은 더욱 새로운 생각이다"라고 웬델 베리는 말한다. 1960년대부터 고향 켄터키로 돌아가 농사를 지으며 저술 활동을 하고 있는 그는 인간이 농토에서 공장으로, 고향에서 타향으로, 시골에서 도시로 내몰리던 순간부터 우리의 삶이 근원적으로 뒤틀렸다고 생각한다. 이런 생각을 공유하는 사람들은 스티브 잡스에 대한 찬사에 동의하지 않는다. 그의 최첨단의 성과들이 사람들을 더욱 전자 판옵티콘에 가두고, 테크놀로지 종속을 가속화시킬 것이라고 우려한다.

그러나 "옛날이 좋았지!"라고 말하는 우리의 노스탤지어는 모든 사라진 것에 대한 낭만적인 아쉬움일 뿐, 과거 시대가 100% 좋기만 했던 것은 아니라는 것을 우리 자신이 마음속으로 너무나 잘 알고 있다. 베르나르 베르베르가 소설 『나무』에서 말했듯이 루이 14세 시대의 파리는 공기가 오염되지 않았고, 채소와 과일에는 살충제나 살균제가 뿌려지지 않아 토마토는 진짜 토마토 맛이 나고, 우유는 천연 그대로의 우유인 그런 시대이기만 한 것은 아니었다. 또 사람들이 저녁마다 TV에 넋을 팔지 않고 서로 어울려 잔치를 벌이고 이웃과 즐거운 대화를 나누며 남에게 따뜻이 배려하고 관심을 갖는 그런 사회만도 아니었다.

베르베르가 엄격한 고증을 거쳐 묘사한 1666년의 파리 풍경에서 행인들은 거리를 걸을 때 어느 집 창문에서 밖으로 던지는 쓰레기에 맞지 않도록 조심해 걸어야 했다. 수세식 화장실이나 상하수도 시설이 없어 오물은 그대로 밖에 버려졌으므로 길에는 지린내와 썩는 냄새가 진동했다. 거리는 좁고 구불구불한데, 쓰레기 수거 시설이나 도로 청소 서비스도 없어서 골목길은 악취 나는 거대한 미로와 같다.

이것이 450년 전의 파리의 모습이라면 우리 한국은 백 년 전의 모습이다. 1894~97년간 네 번에 걸쳐 한국을 방문한 영국의 지리학자 이사벨라 비숍은 불결한 도시 상황의 묘사에 덧붙여 다음과 같이 한국사회의 문제점을 요약했다. "상류층은 부조리에 마비된 채 무위도식한다. 국가 시스템은 붕괴되었고, 관료는 부패했으며, 양반 계급은 기생충과도 같다. 출세 길이 막힌 중간층이 에너지를 발산할 전문 직업은 존재하지 않고, 하위계층은 굶어죽지 않을 만큼만 일한다."

그러니 너무 과거의 향수에 젖어 있을 필요는 없다. 노스탤지어는 고요한 자기 성찰을 돕는 정도만 있으면 된다. 만일 골목길의 구멍가게 혹은 대형 마트의 물건들이 우리 가까이에 있지 않다면 우리는 밭에 나가 채소를 심고 나무에서 과일을 따오며 바다에 직접 나가 물고기를 잡아야 하지 않겠는가?

현대 문명이 모두 악이라는 낭만주의자들의 시대착오성에는 동의할 수 없지만, 빠르게 변하는 세상에 무서움을 느끼는 것도 사실이다. PC가 첨단의 디지털 기기로 등장한 것이 불과 30년 전인데 2012년의 오늘날 PC는 거의 노인들이나 쓰는 물건이 되었다. 어린이 혹은 젊은이들은 PC를 멀리하고 스마트폰이나 태블릿에 열광한다.

이 새로운 흐름 앞에서 천하의 벤처 기업가인 넥슨의 김정주 대표도 용기를 잃고 좌절한다. 넥슨의 캐릭터 인형 사업을 논의하고 집에 갔는데 자신의 아이들이 요즘 스마트폰과 태블릿에서 인기를 끌고 있는 앵그리버드 게임 캐릭터 인형을 사갖고 와 좋아하더라는 것이다. 앵그리버드는 빨강, 노랑, 초록색 새들이 돼지에게 도둑맞은 알을 되찾기 위해 각종 장애물을 격파하는 모바일 게임으로, 전 세계 이용자들이 매일 3억분 접속하고, 스마트폰 애플리케이션으로는 6억회 이상 다운로드된 게임이다. 그는 지금 벌어지고 있는 일을 이해할 수가 없고, 극복할 능력이나 의지도 없다고 한 신문 인터뷰에서 털어놓았다.

1994년에 온라인 게임업체 넥슨을

❙ 앵그리버드

창업하여 엄청나게 돈을 번 그는 자신의 성공 비결이 단지 시대의 흐름을 잘 탔기 때문이었다고 회고한다. 서로 다른 공간에 있는 사람들이 인터넷으로 접속하여 동시에 같은 화면을 보면서 게임을 한다는 생각을 하지 못하던 시기에 그는 온라인 게임 '바람의 나라'를 내놓았고, 이어서 메이플 스토리, 비엔비, 던전 앤 파이터 등이 히트를 치면서 승승장구했다.

처음에 친구 몇 명이 함께 모여 어설픈 게임을 만들었을 때 그는 소니, 닌텐도 같은 콘솔 게임(전용 게임기를 이용해 하는 게임)을 보며 절망했다고 한다. 수백억 원을 들여 수천 명이 만든 게임과 자신들이 만든 게임은 하늘과 땅 차이였기 때문이다. 그러나 곧바로 인터넷의 시대가 도래했고, 사람들은 소니 게임기 대신 PC 앞에서 인터넷을 하기 시작했다. 구멍가게에서 만든 제품이 막강한 대형 업체의 제품을 이기는 역전 현상이 일어난 것이다.

그런데 10여 년 전 소니가 했던 고민을 지금 그의 회사가 하고 있다. 아무리 좋은 게임을 만들어도 시대 흐름을 거스를 수는 없다고 그는 잘라 말한다. 넥슨은 지금 위치까지 올라오는데 15년이 걸렸다. 이 주기는 점점 더 빨라질 것이다. 스티브 잡스는 30년 걸려 오늘의 애플을 만들었다. PC 시대가 열렸을 때 한국 PC 사용자는 10만 명이었고, 인터넷 시대는 100만 명으로 시작했다. 그러나 2011년 스마트폰, 태블릿 사용자는 이미 2,000만 명이다. 이제 곧 스마트폰, SNS란 흐름을 타고 세계적인 기업이 나올 것이다. 세상은 무섭게 변하고 있다.

이 두려움은 거대 기업 삼성에서도 감지된다. 기계의 고성능이 아니라 콘텐트와 서비스가 경쟁력이라는 것을 절감한 삼성은 새로 출시하는 스마트 TV에서 앵그리버드를 무료로 제공하겠다고 2012년 1월 라스베이거스 CES Consumer Electronics Show에서 밝혔다.

삼성전자의 2011년 매출은 1486억 달러(164조 7000억 원)로 전 세계

IT 업체 중 2년 연속 1위이다. 그러나 그것은 스마트폰, 반도체, TV를 모두 합친 액수다. 애플은 아이폰, 아이패드, 아이팟만으로 463억 3천만 달러(52조원)의 매출을 올렸고, 영업 이익은 173억 달러(19조원)로 세계 1위이다. 마이크로소프트가 272억 달러로 2위, 삼성은 5위이다. 매출이란 물건이 팔린 값의 총액이고, 영업 이익이란 매출대비 이익 비율이다. 애플의 영업이익은 삼성보다 3배이상 많다. 한 마디로 삼성의 구조는 많이 팔지만 이익은 별로 남기지 못하는 고비용 저수익의 체제라는 것을 알 수 있다.

소수少數 모델을 최소 비용으로 대량 생산할 때 이익률이 훨씬 높다는 것은 기업 경영의 기본이다. 그러나 삼성은 어느 것이 성공할지 확신이 없기 때문에 지역·계층별 잡다한 고객을 상대로 수많은 모델을 출시하고 있다. 애플은 1년에 딱 한 개의 모델을 만들어 고가의 럭셔리 제품으로 선진국에만 팔고 있는데, 삼성은 한 해 550개의 모델을 내 놓고 주로 아시아·아프리카·남미 등 신흥 시장에서 저가로 팔아 5위의 이익을 내고 있는 것이다.

애플은 스티브 잡스가 모든 것을 주도하고 통제한 작은 회사였고, 삼성은 수많은 인력과 연구 개발 부서를 거느린 거대 기업이어서 한 가지 모델에 올인하거나 배팅을 할 수 없는 사정이 있을 것이다. 또는 서비스의 소프트화나 제품의 미학화 같은 트렌드를 삼성이 제때 캣치하지 못한 결과일 수도 있다. 여하튼 훨씬 많이 판 기업이 훨씬 적게 판 기업보다 순 이익이 네 단계나 떨어져 있다는 것, 그 차이의 범위는 정확히 인문학의 지분이다.

한국의 대표기업인 삼성전자가 거대 공룡으로 경직화 되지 않기를 바라면서, 우리의 『애플 인문학』이 조그만 도움이라도 되었으면 하는 바람이다.

기파랑耆婆朗은 삼국유사에 수록된 신라시대 향가 찬기파랑가讚耆婆朗歌의 주인공입니다. 작자 충담忠談은 달과 시내의 잣나무의 은유를 통해 이상적인 화랑의 모습을 그리고 있습니다. 어두운 구름을 헤치고 나와 세상을 비추는 달의 강인함, 끝간 데 없이 뻗어나간 시냇물의 영원함, 그리고 겨울 찬서리 이겨내고 늘 푸른빛을 잃지 않는 잣나무의 불변함은 도서출판 기파랑의 정신입니다.

이것은 Apple이 아니다

초판 1쇄 발행_ 2012년 3월 5일
2쇄 발행_ 2013년 11월 25일

지은이_ 박정자
펴낸이_ 안병훈
디자인_ 김유미

펴낸곳_ 도서출판 기파랑
등록_ 2004. 12. 27 | 제 300-2004-204호
서울시 종로구 동숭동 1-49 동숭빌딩 301호
전화_ 763-8996(편집부) 3288-0077(영업마케팅부)
팩스_ 763-8936
이메일_ info@guiparang.com
홈페이지 www.guiparang.com

ISBN_ 978-89-6523-941-3 03300